大活字本シリーズ

佐高　信

福沢諭吉と日本人《上》

埼玉福祉会

福沢諭吉と日本人

上

装幀　関根利雄

福沢諭吉と日本人／上巻　目次

第一章　故郷、中津でのシーソーゲーム――9

第二章　又従弟、増田宋太郎――31

第三章　福沢諭吉と増田宋太郎の交錯——91

第一章　故郷、中津でのシーソーゲーム

同郷の作家・松下竜一

福沢諭吉の故郷、大分県の中津は、『豆腐屋の四季』の作家、松下竜一の故郷でもある。

松下は、そのコラムに、周防灘《すおう》に面した中津を流れる山国川の上を飛び交っていたのは、カモメ、シラサギ、セグロセキレイ等と記し、新堀町という静かな通りは、青年福沢諭吉がよく往き来した頃から、少しも道幅は変わってはいまい、と書く。福沢通りと呼ばれる諭吉旧邸に行く大通りが尽きて、松下宅のある船場町の通りはにわかにせばまっているというのである。

福沢は天保五年十二月十二日（一八三五年一月十日）、大坂の中津藩蔵屋敷で生まれ、明治三十四（一九〇一）年二月三日、東京で亡くなったが、それからおよそ三十五年後の昭和十二（一九三七）年に同じ中津の福沢旧邸のごく近くに松下が生まれた。

なぜ、松下に私がそれほどこだわるか？　それは松下が、福沢のまいいとこ、この増田宋太郎の評伝（『疾風の人――ある草莽伝』朝日新聞社）を書いているからであり、中津での福沢と増田の興味深いシーソーゲームに言及しているからである。

「シーソーゲーム」とは評価の激変ということだが、松下自身もまた、それにさらされた人だった。二〇〇四年に松下が亡くなった時、私は『朝日新聞』（六月二十一日付）と『熊本日日新聞』（六月十九日付）に追悼文を書いた。その要点だけを次に引こう。

〈松下竜一は模範青年的存在として世に出た。母親の死によって大学進学をあきらめ、家業の豆腐屋を継いだ松下は「泥のごとくできそこないし豆腐投げ怒れる夜のまだ明けざらん」というような歌をつくるとはいえ、まだ、社会的怒りをぶつけるような青年ではなかった。その著『豆腐屋の四季』（『松下竜一その仕事1』河出書房新社所収）は、テレビドラマ化もされ、松下が住む大分県中津市の人にとっても、安心して自慢できる〝孝行息子〟だった。それが、「環境権」という新しい法理を掲げ、仲間と共に「九州電力豊前火力発電所建設差し止め請求訴訟」を起こし、原子力発電所など要らないとする〝暗闇の思想〟を松下が主張するようになって、変わってくる。いわゆる過激派の運動に関わっていたとして、根拠のない警察のガサ入れを受けると、周囲は松下を危険人物視し始めた。模範青年が一転して要警戒の人間になったのである。

しかし、松下は何も変わっていなかった。自分の歩幅で歩いていたら、まわりが勝手に評価を上げたり下げたりしたと思っていただろう。では、松下が着目し、守ろうとしたものは何だったのか。それは人々のくらしであり、豊前の方言でいう「いのちき」だった。それから離れまいという決意が、発電所建設のために埋めたてをする予定地の明神海岸について、一千人の市民に証言させようというようなアイデア

を生む〉

もともと松下は、自ら書いているように「運動なんていうことは実に大嫌いな人間」だったのだが、「いのちき」を守るために病をもつ身で立ち上がったのである。

一万円札のふるさと

あるいは、少年諭吉も春先にツバナ（チガヤ）の柔穂を口に含んだ経験があるのだろうか。中津から車で約一時間ほど入ると、耶馬渓《やばけい》の〈谷間の里に着く。そこでは、ほどけたツバナの花穂を集めて帚をつくる。そして、それが蛍を捕る道具になるのである。

もちろん、少年諭吉も蛍を見たり、捕ったりしたに違いない。

その諭吉が、いまや、お札となって故郷に帰って来た。

同じ中津を故郷とする作家、松下竜一は、『ウドンゲの花』（講談社）という「日記抄」にこう書く。

諭吉旧邸の前を通りかかって、松下は思わずフフッと笑ってしまったというのである。

旧邸前に大きな案内板が立てられたのは、一九八二年の二月のこと。右端に〈文化と歴史の薫る町　中津〉とあり、中央に市内の観光名所が図示されているのだが、左端の、松下によれば「迷文句」が塗りつぶされていた。

それを眼にした松下が唖然としたキャッチフレーズは、大きく、次のように書かれていたという。

一万円札のふる里　なかつ

見ているうちに、松下は恥ずかしくなった。いくら福沢諭吉が新一万円札の肖像になるからといって、由緒ある旧邸の前に、こんな俗っぽい案内板を立てることはないだろう。泉下の福沢はこれを喜んでいるのか。松下とともに、身をよじって恥ずかしがっているのではないか。

松下は自らが発行している『草の根通信』三月号の、予定していた表紙を変更し、この案内板の写真を載せて、こう皮肉ったのである。

「えっ、中津は一万円札のふるさとだって!?　いや、一万円札の降る

里なかつ　と読むのかな？　なんだか恥ずかしくなるなあ、この案内板。昨日までは〈民主主義の先覚者・福沢諭吉〉〈民主主義のふるさと中津〉だったんだけどなあ」

　この表紙を見て、これはおもしろいと、『朝日』と『毎日』の九州版が写真入りの記事にしたので、一カ月余の短命で、この迷文句は消されてしまった。

　松下は「さて、今度はどんな名文句が登場するか」と結んでいるが、こんな案内板を見たら、拝金宗の徒として、またいとこの福沢を暗殺しようとした増田宋太郎は、さらに意欲をかき立てられただろう。私は二〇〇七年に刊行した『西郷隆盛伝説』（角川学芸出版）で、西南戦争で西郷軍に加わった中津隊隊長の増田が、西郷に殉ずる理由を部下から問われて、こう答えたと書いている。

「一日西郷に接すれば、一日の愛生ず。三日接すれば、三日の愛生ず。親愛日に加わり、今は去るべくもあらず。ただ死生をともにせんのみ」

疾風の人・増田宋太郎

はじめて福沢諭吉の故郷、中津へ行ったのは、一九九八年の十月六日だった。同じく中津を故郷とする作家、松下竜一の『その仕事』と題した全集が刊行されるのを機に、実行委員会が企画した講演をするためである。十二日後に、テレビドラマ化された『豆腐屋の四季』で松下役を演じた緒形拳がやはり中津入りして講演をすることになっていた。

羽田から大分空港に飛んだ私を松下が出迎えてくれたが、あとで福岡空港からJRで行くのが〝常道〟だったことを知った。

この前年の一九九七年十二月十六日付『朝日新聞』の「ひと」欄に松下は三度目の登場をしている。それには、近所の川べりを妻と犬たちを連れて散歩するのが日課で、冬には河口にやってくる渡り鳥にパンくずをまく、とある。読者からは「結構なご身分ですねぇ」と言われるけれども、年収は二百万円前後である。しかし、読者は「松下センセが金がなくても心豊かに暮らしているのを知っている」という。

講演の翌日、その松下に案内されて、土砂降りの中津市内をまわった。まず、松下宅のすぐ裏にある福沢諭吉旧邸。記念館を含んで公園となっているが、一巡した後、松下は隣の小さな公園を指差した。福沢とはまたいい、いい、この関係になる増田宋太郎の旧宅跡であり、記念碑が建っている。

松下によれば、太平洋戦争中、福沢は鬼畜米英の手先とされ、その旧邸には石が投げ込まれた。小学校の講堂に掲げられていた福沢自筆の「独立自尊」の額も、引きずりおろされ、倉庫に眠らされた。

その時代に、逆に華々しく顕彰されたのが増田である。

尊皇攘夷思想を奉じた増田は、西洋文明の導入者としての福沢を仇とし、暗殺しようとさえした。そして、後に自由民権運動に近づき、西南戦争に参加して西郷隆盛に殉じて死ぬ。

この増田を松下は『疾風の人』に書いたが、そこで「思えば、このまた、いとこ同士の、歴史の流れの中での評価のシーソーゲームは甚しく劇的である。敗戦によって、福沢諭吉がこの国の民主主義の鼻祖として復権した時、増田宋太郎は触れてはならぬ危険人物として被われ、性急に忘れられていくことになった」と結論づけている。

いま、増田の名を記憶する人は少ないだろう。いや、ほとんどいないに違いない。一万円札の肖像にまでなった福沢と、あまりに差のある評価である。しかし、狂気の時代とはいえ、増田の方が声名高かった時代もあった。

『疾風の人』が出たのは一九七九年秋。松下の全集刊行記念にまとめられた冊子では、松下自身がこう要約している。

「観光客で賑わう福沢旧邸の隣に、ひっそりとして寂しい増田宋太郎の邸跡の公園がある。諭吉への対抗意識を抱きながら、幕末維新を疾風のように駆け抜けた草莽の人、増田宋太郎の評伝」

官を恐れぬユーモア

『豆腐屋の四季』の作者、松下竜一の育った中津市船場町の家のすぐ裏が福沢公園だった。昭和十二（一九三七）年生まれの松下は、それで、近所の子どものリーダーとして福沢公園を遊び場とする。

まだ福沢諭吉旧邸も観光化されておらず、松下たちは古い洋館の記念館の屋上に登ったり、館内を自在に走りまわって遊んだという。

現在はおごそかに陳列ケースに納まっている『学問ノススメ』などの貴重な本を、旧邸管理の老人が、

「これを読んで勉強しなさい」

と言って貸してくれたというのだから、隔世の感がする。

その福沢を暗殺しようとした増田宋太郎のことを松下が書いた前掲『疾風の人』のオビには、大きく「反・福沢諭吉伝」とある。

おそらく、松下は福沢伝を書こうとは思わなかっただろう。やはり、書くなら「反・福沢」の増田伝だった。

しかし、それでも、福沢と松下には共通のものがある。それはユーモアのセンスである。

生まれながらに肺に病をもつ松下にとって、反公害の運動は文字通りいのちがけの闘いだった。倒れる前に私が松下のことをコラムに書いた時、それを読んだ主治医から、松下はこう言われたという。

「あなたを入院させたいのは、いくら禁じてもあなたが動きまわるからです。この前も九電（九州電力）本社前に座り込んだでしょうが。隠したつもりでも、ニュースでちゃんと見てるんだから」

「はっきり言って、あなたの肺はやっとのことで呼吸してるんですよ」

とも念を押された松下は、それでも「動きまわる」ことをやめなかったが、私が一番好きな松下のエピソードは、「九州電力豊前火力発電所建設差し止め請求訴訟」で敗れた時、

「アハハハ……敗けた、敗けた」

という垂れ幕を掲げたことである。

市民運動につきまとう悲観論、深刻癖を吹きとばすユーモア感覚が

松下にはあった。泣かれるより哄笑される方が相手は怖いということを松下は知っていたのである。

しかし、この垂れ幕が物議をかもすことになった。あまりにも不真面目ではないか、ニュースに流すべきではないという論議をしたテレビ局もあったとか。

一番怒ったのは法曹界の人だった。権威ある裁判をコケにしたというこことなのか、それまで陰で松下を応援していた民法学者からは絶縁状を送りつけられたりしたという。

それに対し、松下は「われわれがコケにしたのではない。裁判所がわれわれをコケにしたのだ。最終弁論さえ許さずに裁判を打ち切った不真面目な裁判所に恐れ入る必要はない」

と書き、笑い飛ばして次なる戦いへ進もうという決意があの垂れ幕だったと記している。

その官を恐れぬ精神も、私には福沢譲りに見える。

暗殺しようとした〝またいとこ〟

師の山田方谷《ほうこく》に「あの男には長岡藩は小さすぎる」と評された河井継之助を主人公に、司馬遼太郎は『峠』（新潮文庫）を書いた。その中に福地源一郎（号、桜痴《おうち》）の紹介で、福沢諭吉と河井が会う場面がある。

町人のような服装で現れた福地は、

「侍という身分を無くしてしまわなければ日本はほろびると私は思

っている。ただそれだけでこのかっこうだ。河井さんは、どう思います」

と尋ねた。すると河井は、

「賛成ですよ。薩長が勝とうが徳川が勝とうが、いずれが勝っても侍はほろびますな」

と持論を述べ、さらに、

「町人の世が来るでしょう。身分はおそらく一つになってしまうにちがいない」

と続けた。最後に福沢がまとめる。

「なにしろあなた、江戸、諸国をまぜあわせ、足軽までふくめると十人に一人が武士ですぜ。九人が、米や銭を出しあって一人を養っているのだ。十人のうち一人は、何もしない。旧弊なごたくばかりならべて暮している。こういう遊民がこうもたくさん居ちゃ、それだけで西洋に負けますよ。この福沢の敵は、薩長でも朝廷でも徳川でもない、侍というものさ。封建というものかね。こいつはこの福沢諭吉にとっちゃ親のかたきも同然です」

福沢より過激な思想家の安藤昌益は、耕さず貪《むさぼ》り食う輩《やから》を「不耕貪食の徒」と称したが、侍がその代表だということだろう。

司馬が描く福沢や河井と違って、西郷隆盛はそこまで侍を敵視していなかった。やはり、新時代の主役も侍がになうと思っていたのである。

明治十（一八七七）年に起こった西南戦争で西郷軍に投じた中津隊

隊長の増田宋太郎も同じ考えだった。だから、またいとこの福沢を〝西洋かぶれ〟として激しく憎み、一時は暗殺しようとさえしたのである。増田にとっては、何よりも福沢が敵だった。

明治四（一八七一）年一月一日、黒田清隆に引率されて、旧会津藩士の山川健次郎らは横浜港を出航し、アメリカの西海岸に向かった。乗船したのは「ジャパン号」である。

外国の様子は当時ベストセラーだった福沢の『西洋旅案内』を読んで勉強した。それには梅干しと佃煮は忘れるなと書いてあったが、貧乏な山川には用意できなかった。それで船中の洋食に苦しむ。とくにカレーライスは辛くて食べられなかった。

おそらく、増田は福沢の『西洋旅案内』などは手にも取らなかったに違いない。だから福沢が「梅干しと佃煮は忘れるな」と忠告していることなど知る由もなかった。

ただ一途に、福沢はケシカランと憤っていたのである。近い縁戚であるだけに、その怒りはさらに昂まった。福沢の父、百助《ひやくすけ》の妻であるお順と、増田の父、久行がいとこ同士なのだが、松下竜一の書いた『疾風の人』という増田伝に拠って、その愛憎をしばらく追っていきたい。

第二章　又従弟、増田宋太郎

暗殺の意志はあったのか

福沢諭吉の母、お順と、増田宋太郎の父、久行はいとこ同士だった。その宋太郎のことを福沢は『福翁自伝』（岩波文庫）でこう語っている。

「私の再従弟《またいとこ》に増田宋太郎という男があります。この男は後に九州西南の役に賊軍に投じて城山で死に就いた一種の人物で、世間にも名を知られていますが、私が中津に行ったときはマダ年も若く、私より十

三、四歳も下ですから、私はこれを子供のように思い、且つ住居の家も近所で朝夕往来して交際は前年の通り、宋さん〱と言って親しくしていました」

福沢が「中津に行ったとき」というのは、東京から中津へ老いた母を迎えに行き、姪も連れて帰京した明治三年ごろの話である。

当時、福沢は三十代半ば。嘉永二（一八四九）年三月二十三日生まれの増田宋太郎は二十歳そこそこだった。

この前に福沢は「その時は中津滞留も、さまで怖いとも思わず、まず安心していましたが、数年の後に至って実際の話を聞けば、恐ろしいとも何とも、実に命拾いをしたようなことです」と書いている。

それはなぜか。またいとこの増田が福沢の命をねらっていたのである。水戸学を勉強して尊皇攘夷にこりかたまっていた増田を、しかし、福沢はそんなこととは知らず、「乳臭の小児と思い、相かわらず宋さんくで待遇していた」が、増田の方は胸に一物を持ち、機をうかがっていた。

そして、いよいよという夜に、福沢の家を訪ねていた服部五郎兵衛という客と福沢の話がはずみ、深更になっても帰りそうにないので、外で待っていた増田は襲うのをやめたのだった。

これが『福翁自伝』の記述である。ただ、それは福沢の見方であり、一方的だと反論する講演が残されている。明治四十（一九〇七）年春に、増田の同志だった岡部伊三郎が史談会で語ったものである。岡部はその夜、増田と行動を共にしていた。

福沢を生かしておいては中津藩の面目にかかわるとして、岡部と増田は福沢を殺しに行ったのだが、岡部によれば、それは同志の反洋学熱を煽り、団結を強固にするための芝居で、増田に暗殺実行の意志はなかったという。

松下竜一の増田伝『疾風の人』にあるように、確かに、増田にその意志があったなら、服部ともども福沢を斬ればよい。服部は老年であり、福沢は病後の上に丸腰なのだから、一刀流相伝の腕を持つ増田には容易なことだろう。まして、血気さかんな岡部もいるのである。踏み込まなかったこと自体が不自然だった。また、一夜だけであきらめたように見えるのも合点がいかない。

その謎を追って松下は、『疾風の人』で増田の妻、シカを登場させる。その「歯軋《はぎしり》の章」から、増田伝は始まる。

宋太郎の師、渡辺重石丸

福沢諭吉も増田宋太郎も下士に生まれた。増田家は十五石二人扶持で、福沢家は十三石二人扶持である。

中津藩奥平十万石においても、上士と下士の階級差は激しく、その間で婚姻関係を結ぶということはありえなかった。下士がどんな功績をあげても、上士になることはなかったのである。

のちに福沢は『旧藩情』でそれを指弾したが、長崎に向けて中津を出る時、

「こんなところに誰がとどまるものか。一度出たら決して帰って来

ないぞ」

と唾棄する思いで故郷を後にしている。福沢は二十歳をわずかに越えたばかりだった。

「そうか、諭吉さんは長崎に蘭学修業に行ったか……」

それを聞いて近くに住む増田久行はそう呟く。宋太郎の父である。久行と福沢の母、お順がいとこなので、福沢と増田は又従兄弟の間柄になる。

「格別、書物の好きな人であったな」

増田久行は、諭吉の父、百助についてこう述懐している。百助が諭吉という、当時としては変わった名をつけたのも、諭吉が生まれた日に、欲しがっていた明律《みんりつ》の『上諭条例』が手に入ったので、それにちなんでの命名だったという。

やはり書物好きな久行にとって、百助の千五百冊に及ぶ蔵書は垂涎の的だったが、諭吉が長崎に行く時、その費用に充てるため、一部を売りに出している。

それにしても蘭学とは、よく踏み出したなと久行は思ったが、そのころ、後に福沢の暗殺未遂者となる宋太郎は、まだ六歳だった。

幼名を久米丸といった宋太郎の国学の師が母方の血につながる渡辺重石丸《いかりまろ》である。その祖父の渡辺重名《しげな》の門を叩いた者には高山彦九郎などもいる。その孫の重石丸の塾に宋太郎は九歳で入門した。

渡辺重石丸は「余、平生狂を病む」と自ら言うほどに矯激だった。

文明開化の波が日本を洗っているその最中にも「時事に感ずること

有れば試みに之を紙にも書す。言論奇古、殺気風生ず。意は武断に在り。文明世界に用ゆる所無し」と吠えて、はばからなかったのである。
水戸学の藤田東湖に傾倒し、その死に慟哭した渡辺重石丸だったが、明治三十四年二月三日に福沢が亡くなるや、欣喜雀躍して次のような歌をつくった。

なき臭き風ふくざはの子を逐《やら》ふと
神も大祓《おおはらい》今日成すらしも
中津瀬にはやおり立ちて禊《みそぎ》して
月日の神をあふげ世の人

二月三日が節分であることに掛けて、鬼を逐《お》うごとく神が遂に福沢をあの世へ旅立たせたと喜んでいるのだから、凄まじい。

七十歳近くになっても、精神の烈しさは衰えることがなかった。この重石丸に増田宋太郎は熱き薫陶を受けたのである。

容貌婦女の如き詩人

増田宋太郎の師、渡辺重石丸の矯激さは、平田篤胤《あつたね》に皇国思想を学んで、さらに先鋭となる。渡辺は、天皇中心の世の中は「腐儒者や賊法師また洋学腥羶《せいせん》の奴どもの知る所では無い」として、宋太郎こと久米丸の稚い精神に、いわば火箭《ひや》を打ち込むように、その皇国思想を伝授していった。久米丸もそれに応え、まもなく、門下生およそ百名の中で、「和魂漢才宋太郎之レガ冠タリ」と称されるほどの英才になっていく。

中津では七月下旬に祇園祭があり、京都祇園の流れを汲む山車が幾台も辻を練りまわる。明治維新にあと四年という時にも、それは変わらぬ風景だったが、それをよそに、悲憤慷慨している青年、というより少年がいた。十五歳の増田宋太郎である。この歳に増田は百篇近い詩をつくったが、その中に、たとえば、こんな詩がある。

時勢滔々トシテ誰カ俊豪ナル
丈夫寧《いずく》ンゾ此ノ心ヲシテ撓《たわ》マシメン
腥虜ヲ掃除スルハ何レノ日ゾ知ル

慷慨長ク磨ク日本刀

そのころ、白人を蛮夷と呼び、腥虜と呼んだりしていた。「容貌婦女の如し」と言われたほど優男の増田が、しかし、いずれの日か腥《なまぐさ》き白人を斬らんと願って、一心に日本刀を磨いているといった意味の詩である。

そんな増田から見れば、福沢はまさに「腥虜」の手先と映るのだった。

その福沢家に異変が起きたのは安政三（一八五六）年。諭吉の兄の三之助が亡くなり、諭吉は養子に入った中村家から福沢の家に戻って、家督を継がなければならなくなった。

しかし、緒方洪庵の適塾で蘭学に没頭している福沢に中津に戻って小役人の生活に埋もれるつもりはない。

もう一度大坂に出ることを願ったが、母方の縁戚である宋太郎の父、増田久行も、その弟の大橋六助も反対だった。母のそばにいてやれというわけである。

思い余った福沢は母のお順に訴えた。

「こんな藩にいても、私は一生ウダツがあがりません。あなたは寂しいかもしれませんが、私を大坂に行かせて下さい」

それに対して母は、

「いいでしょう。おまえの兄は死んだけれども、いまさらそれを悔やんでも仕方がない。おまえもまたよそで死ぬかもしれないが、どこへでも行くがよろしい」
と答えた、と『福翁自伝』からは読みとれる。あっさりと賛成した
お順の思い切りのよさがクローズアップされているのである。
しかし、前掲の増田宋太郎伝『疾風の人』には『鶯栖園遺稿』から、
こんな逸話が引かれている。
大橋六助の家に来たお順が、六助の息子の仲太郎について、
「蘭学など決してさせなさんな。蘭学をさすると諭吉のような親不
孝者になる」
と言ったというのである。時代も揺れていたが、人の心もまた揺れ
ていた。

宗旨替えはあの男にこそ

下士の家に生まれたら、それに甘んじなければならない身分制度に反発して故郷を後にした福沢諭吉は二度とその土を踏まない決意だった。しかし、母を残してきたこともあり、何度か帰郷せざるを得なかった。

四度目の帰郷は元治元（一八六四）年春。すでに江戸は築地の奥平中屋敷に蘭学塾を開いており、単なる下士ではなかった。

この時、福沢は塾の核となる者を郷里の青年で固めたいと思っていたのだが、中津ではまだ洋学修業などとんでもないという雰囲気である。藩校進修館の英才、小幡篤次郎《とくじろう》など逸早く姿をくらます始末だった。後年の慶応義塾塾長の小幡ですら、そうだったのだが、福沢は、江戸に行けば良い養子の口がいくらでもあるから、と言って親たちを口説く。

母のいとこの増田久行や大橋六助にも、その息子の宋太郎や仲太郎を江戸にと、声をかけた。

「どうですか、仲太郎と宋さんを私に預けてみませんか。これからは洋学の世の中ですよ」

福沢は、またいとこ、い、い、この増田宋太郎が俊才であることを知って、こう誘ったのだが、とてもとても、と拒否された。

福沢を敵視する渡辺重石丸の私塾、道生館で学んでいるだけに、冗談ではない、とけんもほろろだった。

「道生館ですか……重石丸殿はなかなか出来るお人なんだが、どうも宗旨替えできぬところがいけませんな」

失望も露わに福沢がこう言うと、大橋六助から後日それを聞かされた渡辺は、二歳年長の福沢に対抗意識を剝き出しにして、

「福沢がそんなことを言いましたか。なに、宗旨替えはあの男にこそ命じたいものですよ」

と返したという。

増田は、渡辺がさらにこう続けるのをそばで聞いていた。

「福沢が最初長崎に蘭学修業に行く時には、あの男なら蘭学をやっても夷風かぶれにはなるまいと言うて、皆でよろこんで送り出したもんでしたよ。奥平伝四郎なんか、詩まで作って餞《はなむけ》にしたもんです。そ

れが今はどうですかい。みんなからちやほやされて、まるで自分が夷人になったみたいな鼻息というじゃありませんか。きっとあの男は、自分の眼が青くないのを残念に思うちょるに違いありませんな」
福沢が増田久行にあいさつに来た時も、息子の宋太郎はむっつりとして口を開かなかった。それどころか、一年後に江戸の小幡篤次郎に宛ててこんな詩を寄せている。

汝ト襟ヲ分チテ方《まさ》ニ一歳
狡夷黠《かつ》慮《りよ》益々蕃滋
武州ハ天下繁栄ノ地
慷慨男児今幾タリ

君と別れて一年になるが、ずるがしこい白人がはびこっている。江戸は天下繁栄の地というけれども白人の跳梁を懲らす憤慨男児はいないのか、というわけである。

あなたが恋しているのは……

元治元（一八六四）年、朝敵となった長州を討てと幕府から命じられた中津藩は、江戸の福沢の塾に学んでいる小幡篤次郎らをも呼び戻そうとした。しかし、福沢は、

「大事な留学生に、わけのわからない戦争のために鉄砲をかつがせることはできない。病気といって断れ」

と一人も帰さなかった。それも、またいとこの増田宋太郎には気に入らなかっただろう。増田は何よりも天皇第一の攘夷家だったからである。

松下竜一は『疾風の人』で、増田夫人のシカにこんな述懐をさせる。この国を西洋の僕《しもべ》にしてはならぬ。神武創業の昔にかえさなければならぬというのが増田の口癖だった。そのために幕府を倒したのだというわけである。

心の中に何か憑《つ》きものがあって、いつもそれに駆り立てられているような増田に、あるとき、シカはこう尋ねた。

「あなたが本当に恋していらっしゃるのは、その天皇様というお方なのでございましょう。わたしなどはものの数ではないのですね」

わざとすねてそう言ったのだが、増田の驚きは大きく、何も言わずに、ただただ悲しみをたたえた眼で、シカを見返した。

しかし、維新政権が発足しても、攘夷は実行されない。薩長にとって、それは倒幕の手段にすぎなかったからだが、一途に信じていた増田たちは裏切られたと感じ、苛立ちはいや増した。上京を勧められても、病気の父を置いてはいけぬという増田に、シカはこう言ってしまった。

「福沢先生をごらんなさいな。年寄ったお順さまをお一人置き去りにして、ご自分は京よりも遠い江戸でお暮らしではありませんか」

そのころシカは増田が福沢に敵意を抱いているとは知らなかったからである。それを聞いて増田は顔色を変えた。

「ああいう男だ、福沢は。自分一身の出世のためなら、老いた親をどこにでも置き去りにできるような男なんだ」

「でも福沢先生はお順さまのことをご心配なされていますわ。よくお金など送ってこられますもの」

「そりゃあ、洋学商売でお金をもうけているからさ。あの男にとっては、何もかもが金の世の中なんだ。あの男の塾では月謝というものを取るそうだからな」

そして、福沢が帰って来たら、自分だってあの男を斃《たお》すかもしれない、と告げる。

仰天したシカが、増田が何かをするというのは福沢を討つことかと詰め寄ると、斃すということは必ずしも討つことではない、と増田は言葉を濁す。

シカにとって、福沢の母、お順は、嫁いで来て一番親しくしてもらっている親戚だった。家も近くで、気取りのないお順を慕っていただけに、増田の告白はその小さな胸に突き刺さった。

男というものは

福沢諭吉のまたいとこの増田宋太郎に嫁いだシカは、近所に住んでいた福沢の母のお順のところに行くのをたのしみにしていた。

福沢は洋行する度《たび》に、中津の母のもとへ、便りを送って来た。それには城や石造りの家の建ち並ぶ町の様子が写されていて、夢の世界のようだった。

しかし、シカはそのことを増田には話さなかった。増田が福沢を仇敵視していたことを知っていたからである。

増田は攘夷達成まではと思いつめて、シカには触れず、ために子どもはできなかった。

「シカさん、ややこはまだできませんか」

あるとき、お順にそう尋ねられて、シカは赤面する。そして、実は、と打ち明けてしまう。それを聞いて、お順は驚き、

「そうですか。宋さんという人は、昔から一心なところがありましたからね。――あなたもつらいことですね」

と言って、シカの両手を取り、

「男というものは、天下、天下というて、厄介なものですからね」

と続けた。そして、

「福沢先生が成功なさって、おばさまはご満足でしょ」

と羨ましげに語るシカに、

「それが弱っているのですよ」

と否定し、こう述懐する。

「わたしはこの中津でのんびり暮らしたいのに、諭吉は江戸に出て来いとやかましく申しましてね。この頃はもう矢の催促ですよ。迎えに帰ろうかとまでいうてくるのですからね」

行かれたら寂しくなると思ったシカがあわてて、

「それで、おばさまはほんとうに江戸にお移りになるのですか」

と問いかけると、お順は、

「さあ……そんなわずらわしい所には行きたくないんですけどね」

と答え、笑みを浮かべて、

「実はね、わたしも諭吉の文明開化とやらは苦手なんですよ」

と言った。

『疾風の人』に描かれているこの場面は、もちろんフィクションも含んでいるだろう。しかし、福沢の母親にとっても文明開化はそう容易に受け入れられるものではなかったというのは理解できる。

私たちはいま、福沢の「江戸に出て来い」の矢の催促の末に、福沢が母を迎えに中津に帰ったことを知っている。

また、いとこの増田が、なぜ、福沢をねらったかに私がこだわるのは、それが、福沢が何と闘ったか、あるいは、何と闘わなければならなかったかを、くっきりと浮かび上がらせるからである。思想的なものだけではなく、日常の生活まで、福沢の「革新」は及んだ。それだけに、反発も激しく、そして強かった。

天皇奪還計画

桜樹街頭同ジク月ヲ賞シ
道生館裡共ニ詩ヲ吟ゼリ
今日諸朗零落シ尽シ
満園ノ春色人ヲシテ悲シマシム

増田宋太郎の師、渡辺重石丸が京都皇学所講官に任ぜられて中津を去り、ために増田たちの拠りどころだった道生館は閉じられる。栄転だから慶ばなければならなかったが、増田は取り残されて春なのに悲しみの色を深くしていた。

師を追って京都に行った親友もいる。しかし、増田は病床にある老父を置いて上京することはできなかった。

中津藩はいったい皇学の学統をどう考えているのかと、増田の憂憤は募った。

そして、明治三年、父の病没後、ついに上京する。この時、増田は岩田茂穂（作家、獅子文六の父）ら、旧道生館の同志らと、ある事を企て、血判までして上京した。

それを、刺し違えてもという覚悟で諫止《かんし》したのが、同じく道生館門の柳田清雄《すがお》である。

松下竜一の『疾風の人』という増田宋太郎伝から、ある同志の回想を引く。

「貴様等は、あの時上京して、宮御一人を迎え奉り、大いに尊王攘夷を唱えて、義挙の計画をしていたそうなが、偖々《さてさて》恐ろしき陰謀であったよな」

つまり、増田たちは、東京に遷都した天皇を京に奪還しようとしていたということである。もちろん、これは旧道生館門の者だけで考えられたことではなく、京都の尊王攘夷派の計画に加わるというものだった。

遷都に先立って、明治元年に天皇が江戸城に入っている。岩倉具視《ともみ》や大久保利通ら新政府の首脳は主に関東や東北の人たちを天皇に親しませるために、この行幸を行い、そのままなしくずしに東京遷都を実現しようとしていた。これに真っ向から反対したのが国学者や神道を奉ずる者たちである。増田ら草莽の徒もそれに続いた。

彼らにとっては、京都こそが伝統の地であり、そこから天皇を遷《うつ》したくなかった。いままさに、神武創業以来の王政復古が実現し、いよいよこれからという時に、なぜ、東京に天皇を遷さなければならないのか。

大久保らは、尊王攘夷を倒幕に利用しただけなのかという疑いも強くなって、尊攘派は天皇奪還を企てたのである。

そんな物情騒然たる時代に、福沢は文明開化を唱えていた。そのことを忘れてはならないだろう。

同じく中津出身で福沢をライバル視していた渡辺重石丸は、国学者が夢を託した京都皇学所の講官に任ぜられたが、皇学所自体が大久保らにとっては、攘夷派をなだめる一時的な手段でしかなかった。それで、追って大学校を設立するという〝予約〟を掲げて、わずか八カ月で閉校となる。衣冠束帯姿で『古事記』や『万葉集』を講ずる時代ではなかったのである。それだけに洋学の福沢への嫉妬まじりの反発も並のものではなかった。

福沢の母を慕った増田夫人

明治三年夏、福沢諭吉は断髪をする。すでに刀を差すことはやめて丸腰だったが、頭髪の方も文明化した。きっかけとなったのは、腸チフスを患って病床にあったのが回復したことである。そのとき病中に飲んだ牛乳を推奨する手紙を牛馬会社に宛てて書いてもいる。
同じころ、上京して文明開化の東京を見た増田宋太郎は茫然とし、こんな歌をつくった。

茜刺す君が都に来てはあれど
心のうさは和ぐ時もなし

天皇の住まいする都に来たけれども、憂憤は募るばかりだというわけである。

またいとこの福沢と増田の間はますます広がり、増田は「洋学問屋」の福沢への憎しみを深くしていく。洋夷、つまり西洋かぶれの風潮よりも、それを得々として導入している福沢の方が何倍も憎いのだった。増田はまた福沢を暗殺の対象として考え始める。

明治二年に横井小楠《しょうなん》が暗殺され、続けて大久保利通も凶刃に倒れた。その斬奸状《ざんかんじょう》には、

「専ら洋風を模擬し、神州の国体を汚し、朝憲を蔑し、浸々蛮夷の俗に変じ、万民塗炭の疾苦を醸成す。故に人心日々浮薄、廉恥地を払って空しく、外夷あるを知って、皇朝あるを知らざらしむるの極なり」

とあるが、これらは増田の心を激しく揺さぶった。そして、「蛮夷の俗」を進めた福沢への敵意を昂められたのである。

それに心を痛めたのは増田夫人のシカだった。増田の上京の費用の一部は、福沢の母のお順から借りたということもある。松下竜一の増田伝『疾風の人』には、福沢が迎えに来て上京することが決まったお順に、シカが、あわてて、

「わたしはまだお金を返せそうにありませんのに」

という場面がある。それに対してお順は、

「いいのですよ。あなたにはお貸しするとでもいわなければ受け取ってもらえそうになかったから、そういったまでのこと。あれは返していただこうとは思っていませんよ」

と、なだめる。

それからまもなく、福沢がやって来て、シカに、

「あなたが宋さんのご内儀ですね。いや、母からよくうかがっていますよ。ご病気だったそうですね。わたしは腸チフスでね、ひどい目にあいましたよ。一時はおしまいかと思いました。――ほれ、まだこんな顔色でしょうが」

と気さくに語りかけた。

「宋さんは元気でしょう」

と続ける福沢に、シカは、

「はい。今は東京にまいっているようです」

と答える。

「なんだ、そんなことなら、わたしの所に顔を出してくれればいいのに」

増田がどんなに自分を憎んでいるか知らない福沢は、屈託もなくそう言った。

「お誓いくださいますか」

福沢が増田家を訪ねた翌日の晩、増田が突然帰って来る。夫人のシカは、あまりの符合に、夫は福沢を討つために後を追って来たのだと思った。

顔色を変えているシカに、増田は笑みを浮かべ、

「どうした、もう病気はいいのか」

と問いかける。

「えっ……どなたから、わたしの病気を」

と驚くシカに、増田は叔父から聞いたと告げる。

「では……福沢先生を追って帰られたんではなかったのですね」

と思わず尋ねてしまったシカに、今度は増田が表情を険しくして詰め寄った。

「福沢が帰っているのか。そなた、あの男に会ったのか」

ひとまわり以上も上の又従兄を増田は呼び捨てにし、

「会ったのか。あの男はけがもしていなかったのか」

とシカの肩を揺さぶった。

増田もいろいろ迷うのだが、福沢を討たねばという思いは、やはり頭から離れないのだろう。

頷くシカに、増田は眼光鋭く、

「無事に帰って来たか……」

と呻くように言い、シカが必死の面持ちで、

「福沢先生をお討ちになって、それであなたの願う世がまいるのでございますか」

と問いかけると、一時の放心状態から醒めた増田は、今度はシカをにらみつけ、

「――どうして、おまえはそんなに福沢をかばうのか」

と声を落とした。

「わたしは福沢先生をかばっているのではありません。わたしは先生のおかあさまのお順さまが好きなのです。あんなおやさしい方を悲しませたくないのです。それに……それに、お順さまから憎まれたくな

いのです」

松下竜一は増田伝の『疾風の人』に、この時のシカの声は悲鳴のようだったかもしれない、と書く。

シカは危うく、増田が上京できたのはお順の好意があったからだ、と言い出しそうだった。しかし、それをもらせば、誇り高い増田は破綻してしまう。それだけは、どうあっても口走るわけにはいかない。

「あなたは、ほんとうにわたしを妻だと思ってくださいますか」

かわりに、シカの口を突いて出たのはこの言葉だった。

「妻だと思ってくださるのでしたら、お誓いください。福沢先生を討たないとお誓いくださいい」

病癒えぬシカが必死に問いかける。

「お誓いくださいますか。お誓いくださいますか……」

その勢いに押されて増田は言った。

「シカ、わたしは誓う。福沢を討たない」

朝吹英二も福沢をねらった

伝記作家の小島直記は、朝吹英二を数多くの福沢門下生の中で、最も異色の人物という。自分の姪と結婚させたのだから、福沢も「第一等の人物」と折り紙をつけたのだろう。

後年、財界の大立者となった朝吹について『朝吹英二君伝』という伝記を紹介しながら、森銑三《せんぞう》は『明治人物夜話』(講談社文庫)にそのユニークさを書く。

ちなみに、朝吹は犬養毅と親しく、この伝記の背文字と序文を犬養が書いている。

犬養が鋭角的だったのに対し、朝吹は開放的で円満型だった。だから、三井財閥のリーダーでありながら、三菱系の人たちとも親交があり、慶応の出身なのに早稲田出や官学出身者とも交わっていた。そして、三井の中上川《なかみがわ》彦次郎と益田孝という両巨頭の調整役として欠かせない人物だったのである。

豊臣秀吉が好きで、徳川家康を嫌い、石田三成に同情して、専門の史家に三成伝を書かせてもいる。

なぜ、急にここで朝吹を登場させたのか。それは朝吹もまた、増田宋太郎と同じく、福沢を殺そうとしたことがあるからである。

朝吹の家は中津の奥の下毛郡宮園村の庄屋だった。日田咸宜園《かんぎえん》で学んだりしたが、中津に出て同年の増田と会い、親しくなるうちに、福沢を敵視するようになる。

明治三（一八七〇）年に福沢は母のお順を東京に迎えるべく、中津に向かった。大坂に着いたのがその年の十一月二日。主に中津藩蔵屋敷に滞在したが、何度か従兄の藤本箭山《せんざん》を訪ねて泊まった。そこに血気旺《さか》んな青年、朝吹がいた。鍼医の藤本を頼って従僕代りに住み込んでいたのである。

増田の場合と同じく、福沢は尊攘主義者となった朝吹が自分を憎んでいようとは思ってもいない。藤本もそんなこととは露知らず、ある日、朝吹に福沢のお伴を命じた。

当時、福沢の『西洋事情』がベストセラーとなっており、それにともなって偽版が横行していた。とくに福沢のいる東京ではなく、京都や大坂で出まわっている。印税によって一身の独立と塾の経営を成り立たせていこうと思っている福沢にとってはこれは大問題だった。それで書店をまわり、偽版を買い取って、その筋に訴えようと考えたのである。

その為に書店をまわるお伴を朝吹が言いつかった。

お高祖頭巾を被り、着物姿に紫の股引で丸腰の福沢の後を、大刀を差した朝吹が従いて行くのはかなり異様である。

朝吹は福沢の生活ぶりにも驚かされた。

まず牛肉。その調理を命ぜられて、朝吹は血のしたたる肉塊を、死ぬような思いで切ったが、とても食べる気にはなれなかった。

さらに、福沢に卵を買ってきてくれと言われ、二朱銀を放られた時にもびっくりした。

それは朝吹の半月分の給金に当たる額だったからである。こうしたことからも、朝吹は福沢を許せぬと思うようになる。

講談調の暗殺未遂告白

福沢のまたいとこの増田宋太郎と同年で親しかった朝吹英二は、福沢の従兄だった藤本箭山の従僕をしていて福沢と会い、福沢に対する敵意を増大させるようになる。たとえば牛肉を食う様子などを見てだが、朝吹はこう思った。

「是れは詰り西洋などへ往って毛唐人の所作などを見て来たからで、所謂《いわゆる》見様見真似でこんな贅沢をやるので、是れでは皇国の前途も頗《すこぶ》る危い、国民が皆是れを見習ふて奢侈《しやし》に耽らうものなら夫れこそ大変、是れは到底西洋通など振廻はさしてはならぬ、彼等は実に国家の害物だ」

時に朝吹は二十歳を出たばかり。のちに財界の重鎮となり、大阪の三田会で、自ら、福沢諭吉暗殺未遂を語った。福沢も亡くなっていた明治四十一（一九〇八）年のことである。およそ四十年後にそれを明らかにしたわけだが、『疾風の人』という増田伝を書いた松下竜一は、「いったいに朝吹という人物にはやや軽躁なところがあって、とくにこの三田会での談話には興趣を盛り上げようとして弾みのつき過ぎた講談的粉飾が感じられる」ので、「増田も福沢も亡きあとの気楽な談であることを留意して読まねばなるまい」と指摘している。

確かに陽気と軽躁は紙一重だろう。ただ、それだけに興味深い。その講談調の語りに従って、暗殺未遂の一件を追うと——

ある日、朝吹は福沢が大坂の上町にある緒方洪庵のところを訪ねるお伴を命ぜられた。話がはずんで、日中に到着したのに、夜の十時を過ぎても終わらない。ようやく十一時ころになって緒方夫人などに送られて玄関に出て来た福沢は、危いから駕籠で帰りなさいと言われても、いや、歩いて帰ります、と答えている。以下、朝吹の「講談」をそのまま引こう。

「如何にも先生に附いて居るお供が増田宋太郎から頼まれて、先生を殺して了はうとする私ですもの、天下是ほど物騒なことはありますまい。左様なこととは露御承知のない先生は、頻りと辞退を致される、夫にも構はずたつてと勧めて、駕籠屋を呼んで来たので、先生は堂島の田簑橋北詰までだと、処を云ひ賃銭を聞いて請うが儘に払はれた。……私は憎しみが一倍増して、何うでも今夜此戻り道で殺して了はねばならぬと、此時愈《いよいよ》決心を固めました」

福沢も薄氷を渡って生きたのである。

では、どうやって殺すか？　不意に飛びついて短刀で一刺しにするか、そんなことを考えながら、しかし、顔には出さず、駕籠に付いて本町橋に差しかかった。このあたりでやらねばと、身構えて飛びかかろうとした、ちょうどその時、耳をつんざくばかりの太鼓の音が降って湧いた。それは寄席のハネ太鼓だと後から気づいたが、この音で朝吹は拍子抜けしてしまい、福沢刺殺も思いとどまることになる。

岩田茂穂も福沢宗に

福沢に飛びかかろうとした寸前に太鼓が鳴って殺意をなくした朝吹に、福沢は大坂を出て中津に向かう時、自らの著者『西洋事情』を渡した。それが朝吹を洋学へ転向させることになる。

福沢は最初の著と見られる『唐人往来』に「其頃は所謂攘夷論の最中にして、浮浪の徒と称する輩が諸方に乱暴を逞《たくまし》うし、外国人を暗殺する者あり、洋学者を脅迫要撃する者あり、御殿山の公使館を焼き、市中の唐物屋に乱入する等、実に物凄き世の中なりし」と記しているが、まさに自らが朝吹にねらわれたのだった。ちなみに当時は外国人のことを一般に唐人と称した。

その朝吹を、いわば〝改宗〟させた『西洋事情』は、政治に始まり、収税法、国債、紙幣、商人会社、外国交際、兵制、学校、新聞、文庫(図書館)、病院などについて、わかりやすく紹介し、解説している。

これを熱心に読んで、朝吹は仰天したのだった。そして、一気に福沢に傾倒していく。

この『西洋事情』に偽版が横行して、怒った福沢がその筋に訴えようとしたことは前述したが、福沢の最初の構想では、この本を初編、二編、それぞれ三冊ずつの六冊本とし、亜米利加合衆国、荷蘭、英国、魯西亜、仏蘭西、葡萄牙、日耳曼（ゲルマン）総論、普魯西（プロシア）の各国を紹介するつもりだった。しかし西洋の社会事情一般を説明しないと、各国の歴史や政治、財政等を解説してもわかりにくいと思い、途中から計画を変えて、現在残されているような形になったという。

これを熟読した朝吹は刀を捨て、断髪して福沢を迎えた。中津から再び上京するため大坂に立ち寄った福沢は、朝吹のこの変貌に驚く。しかも、東京に連れて行って弟子にして下さい、というのである。

同じように福沢の門下生になった者に岩田茂穂がいる。その息子が作家の獅子文六（本名、岩田豊雄）だが、岩田茂穂も、増田宋太郎から離れて福沢の下に走った。

福沢のまたいとこで福沢を暗殺しようとした増田の伝記『疾風の

人』を書いた松下竜一は、作中で増田にこう言わせている。

「おれは負けた。福沢めに負けてしもうたぞ」

それに対して、友人が、中津に開かれた皇学校も盛況だし、そんなことはないとなだめると、増田は泣くように続けた。

「茂穂まで福沢に奪われてしもうたとあっては、おれの負けじゃ。……茂穂の奴、なして……」

増田と共に皇学校開設のために走りまわった岩田が福沢の慶応義塾に入ることになったという。福沢の『学問ノススメ』を読んでにわかに発心したのだった。

増田は激怒し、岩田を裏切り者と面罵したが、岩田は「西洋の学問もひとつの便宜としてやってみる必要がある」と言い張り、その決心を変えなかった。

天皇と前後して断髪

慶応義塾に入った岩田茂穂に絶交を宣言した増田宋太郎と、その岩田が並んでいる写真がある。裏に明治六年五月十七日島原とあり、東京の島原という写真館で撮ったものだとわかる。

『疾風の人』で、増田夫人のシカはこう語る。

「そうでございます。あの人は結局茂穂殿とは絶交しなかったのです。あの人の心のうちでどんなたたかいがありましたものやら、茂穂殿の洋学への転身をお認めになったのでした。写真の茂穂殿は椅子におかけになって腕を組んでいるのですが、断髪をきれいにお分けになって、とてもよくお似合です。着衣は筒袖に軽衫《かるさん》でございましょうか、足には靴をはいておられます。かたわらに添うて立っているあの人は、袴に白帯をしめ太刀を落とし差しにしていつもの通りでございます。足には木履《ぼくげき》をはいています」

福沢がひょっこり中津に戻って来たのは、岩田が慶応義塾に入るため上京した後だった。

増田の家を訪ねて来た福沢は、応対に出たシカに、

「宋さんは皇学校の方ですか？　いやあ、宋さん達の学校もなかなか盛況のようですな」

と言い、一冊の本を出して、

「これを宋さんに読んでいただければ嬉しいのですがね。あなたから

渡しておいていただけませんか」

と頼んだ。『学問ノススメ』だった。

岩田茂穂を一気に改宗させた本である。

「天は人の上に人を造らず、人の下に人を造らずと云へり」

冒頭の言葉を読んで、シカはその世界に引き込まれた。そして、次の箇所にぶつかって、これは夫のことを言っているのではないかと胸が痛くなったのである。

「しかるを支那人などのごとく、わが国より外に国なきごとく、外国の人を見ればひとくちに夷狄《いてき》々々と唱へ、四足にてあるく畜類のやうにこれを賤しめ、これを嫌ひ、自国の力をも計らずして、みだりに外国人を追ひ払はんとし、かへってその夷狄に窘《くる》しめらるるなどの始末は、実に国の分限を知らず、一人の身の上にていへば、天然の自由を達せずして、我儘放蕩に陥る者といふべし」

思わず読みふけっていたところに増田が帰って来て、何を読んでいるのかと尋ねた。

驚いたシカが、どぎまぎしながら、

「福沢先生がお立寄りになって、これをあなたにと置いて行かれたのです」

と答えた。

一瞬顔色を変えた増田は、シカが心配したようにその本を叩きつけたりはせず、黙ってそれを机の上に置いた。

中津においても、福沢の指導する市学校は存続を許されたが、皇学校は隆盛なのに廃校にされた。その継続を願うべく上京する途中の下関で、増田は断髪する。明治五（一八七二）年十月のことだが、翌明治六年の三月に天皇も断髪していた。

揺れる胸中

断髪してまもなく、増田宋太郎は、自分はまちがっていたと言い、「今日、国権を海外に拡張しようとすれば、薩摩の軍事力を借りるしかないことに、わたしはやっと気づいた。われらの討薩計画は間違いであった。この計画はなかったことにしていただきたい」

と道生館以来の同志たちに頭を下げた。しかし、この計画が発覚し、増田は謹慎処分を受ける。ここから、明治十（一八七七）年の西南戦争への参加までは、ほぼ一本道だろう。

松下竜一の増田伝『疾風の人』に、増田の母親が病み、大阪から中津に帰って医師を続けていた藤本箭山に診てもらう場面がある。

増田夫人のシカに、母親はいくつになったか尋ね、六十歳と聞いて、藤本が、

「そういうお年では、なかなか回復もはかどりませんからね。貧血には薬よりも何よりも滋養でしてね。牛乳が一番ですな」

と勧める。そして、

「ちょっとなまぐさいが、なに、薬と思って飲めばよろしい。福沢先生も牛乳で大病をなおされたそうで、市学校でも牛乳はえらい評判ですからな。――わたしもこれで、ときどき市学校の談話会を拝聴に

まいるんですよ。新しい知識におくれてはなりませんからな」

中津の市学校は、言うまでもなく福沢の指導する学校である。

福沢と増田はまたいとこであり、ある日、福沢から増田に、福沢の母親が亡くなったことへの悔やみ状への礼状が届いた。福沢の母、お順を慕っていた増田夫人のシカがその悲しみを綴って出したのだが、福沢の返信には、お順の容態が悪化してから、ただただ中津に帰りたいとばかり言った、と書かれていた。

人力車が嫌いで一度も乗らなかったのに、最後には、人力車を呼んでおくれ、いまから中津に帰ると言って福沢を困らせたという。

その件《くだり》を読んで泣いていたシカを尻目に、

「いまさら孝行面をして――」

と吐き捨てた増田にシカはこう言い返さずにはいられなかった。

「福沢先生はほんとうにおつくしになられたのですわ。横浜からわざわざ氷を取り寄せたりまでなさっているじゃありませんか」

「それは、福沢が金を持っているからさ。諭吉は毎月十五円もの小遣をくれるが、わしは少しもうれしゅうはない、諭吉は金が余ってしようがないからくれるだけのことじゃ、さもなければ親に小遣をくれるような奴じゃないと。そういうて嘆いたそうじゃないか、お順さんは母親だけあって、福沢の心のうちをよくお見通しだったのさ」

その言い方に増田までが賤しく思えて、シカは、

「では……あなたはどうなのでございますか。あなたは福沢先生よりも親孝行だとおっしゃるのですか、おかあさまを、食べるものも食べ

られないところに追いこまれているあなたが親孝行だとでもおっしゃるんですか」
と口走ってしまい、増田に平手打ちをくらわされることになる。

第三章　福沢諭吉と増田宋太郎の交錯

「慷慨民権」をめぐって

陸羯南《くがかつなん》が喝破したように、日本の自由民権運動の主流は不平士族の「慷慨民権」だった。それに増田宋太郎は身を寄せていく。しかし、福沢諭吉はその流れに警戒的だった。福沢の『文明論之概略』にこんな一節がある。

「今の世に人民同権の説を唱る者少なからずと雖ども、其これを唱る者は大概皆学者流の人にして、即ち士族なり、国内中人以上の人なり、嘗《かつ》て特権を有したる人なり、嘗て権力なくして人に窘《くるし》められたる人に非ず、権力を握て人を窘めたる人なり。故に其同権の説を唱るの際に当て、或は隔靴の歎なきを得ず。……今仮に国内の百姓町人をして智力あらしめ、其嘗て有権者のために窘められて骨髄に徹したる憤怒の趣を語らしめ、其時の細密なる事情を聞くことあらば、始て真の同権論の切なるものを得べし」

松下竜一が増田伝の『疾風の人』に指摘する如く、福沢には秩序を紊《みだ》す者への不信感があった。それは過敏と言っていいくらいで、慶応三（一八六七）年に島津祐太郎に宛てた手紙で「近来は世上不穏、動《やや》もすれば下より上を凌《しの》ぎ、国法を恐れざるの悪風流行」と述べている。いわゆる激派の増田と違って、福沢は漸進的革命家だった。いや、革命家ならぬ改良家だったと言えようか。

松下は民権運動をめぐる福沢と増田の交錯を次のように書く。

「当代切っての啓蒙家福沢諭吉が民権運動にこのように消極的であり、逆に、いまだ尊王・国権思想を脱し切れぬ宋太郎ら道生館一統が自由民権運動に走り始めているという光景は皮肉である。事の本質が視え過ぎるがゆえに福沢は躊躇し、事の本質を解しえぬままに宋太郎らは猪突したのである」

それにしても、天賦人権の民権思想と増田のそれまでの国権思想とは矛盾することがなかったのか。増田の頭の中では、天賦の天は天皇の天だった。増田に限らず、自由民権運動に身を投じた不平士族の多くは、そう考えて自らを納得させていたのである。

ところで、「優等生はロンドン、劣等生はパリに惚れる」といわれる。イギリスは「コモン・センス」の国であり、フランスほど急進的ではないという意味にもなろう。

蘭学からスタートした福沢は、それがあまり役に立たないことを悟って、まもなく英学に転向するが、やはり、イギリスがその思想的故国である。それに対し、〝日本のルソー〟といわれた中江兆民はフランスを源流とする思想家だった。その過激さにおいてもフランス型だったのである。

その対比で言えば、増田宋太郎も福沢流の英国型ではなく、中江流の仏国型だったと言えるかもしれない。

思想の故国、イギリス

前節では、福沢を英国流の思想家とし、中江兆民を仏国流の思想家とした。ここで少し、寄り道をして、私が若き日にイギリスに行った時の印象を書いてみたい。

「ここ（日本）は現世代の人間らしく急行列車にのるぜいたくさを望む人びとのいる国ではなくて、明らかに時間というものが高価なものとは評価されていない。であるから、旅行であろうと、取り引きであろうと、他のいかなる仕事の処理であろうと、とにかく耐えがたいほどのろのろしている」

これは、江戸時代末期に日本に駐在したイギリスの初代駐日公使、ラザフォード・オールコックの『大君の都』(山口光朔訳、岩波文庫)の一節である。福沢がイギリスを訪れた時も、その落差に驚いただろう。

しかし、一世紀余り経って、それは逆転したかのように見えた。私が行った一九七七年、ロンドンでは「to let」や「for sale」の看板がやたら目についたし、ロンドン自体が〝売り出し中〟なのではないかと錯覚したほどだった。

石油成金のアラブ人がロンドンのどこそこを買ったとかいう話を聞いたりもして、「斜陽の大英帝国」に対して、いささか優越的になっていた私は、しかし、ある光景を目の当たりにして、したたかに打ちのめされる。

それはロンドン塔の近くのタワー・ホテルに泊まった時のこと。ホテルでの夕食に少し遅れて行った私は、なかなか出てこない食事に苛立っていた。しばらく経って、ゆっくりと食事を運んできた年輩のボーイは、上がり始めた開閉橋のタワー・ブリッジを見て、笑みを浮かべながら、私たちにも見ろとジャスチュアしたのである。生活を味わう、人生をいつくしむとはこういうことなのか。数え切れないくらい見ているであろうその光景を本当に楽しそうに眺めているそのボーイの姿に私は「負けた」と思った。

ジョージ・ギッシングの『ヘンリ・ライクロフトの私記』(平井正穂訳、岩波文庫)的人生の味わい方は、決してインテリだけのものではないのである。

西欧というよりは北欧の雰囲気をもつイギリスは、ビートルズやミニ・スカートを生んでもいるが、基本的には派手さとは遠い国だ。ロンドン塔の歴史を知る時、その印象はいよいよ沈鬱なものとなる。この国は「ジキルとハイド」の国でもあるのである。

ロンドン塔は一〇六六年にノルマンディー公ウィリアムがイギリスを征服してから、ジェームズ一世の治世が終わる一六二五年まで、国王の住居であると同時に政治犯の牢獄であり、処刑場であった。

ともあれ、「コモン・センス」のイギリスほど福沢にピッタリの国はない。

フランス嫌い

在野に徹したと言っても、福沢は無政府主義に共感を寄せてはいなかった。あくまでもイギリス流の「コモン・センス」の思想家である。それに対し、ほぼ同時代の中江兆民は過激なアナーキズムをも含むフランス流の思想家だった。

「フランス人というのは、時間をきめて約束するのがとてもきらいなんだね。時間割を持たないことが自由だと思っている。ところがドイツでは解放運動の詩人エンツェンスベルガーでさえ、自分の雑誌に『時刻表』というタイトルをつける位です。言ってみればフランス人とドイツ人は時間をはさんで永遠に三角関係をくりかえしているようなものだ」

これは寺山修司の言葉だが、ドイツ人のカール・マルクスとその女婿でフランス人のポール・ラファルグの思想の違いが興味深い。マルクスにとって、この女婿はいささかならず困り者だった。

ラファルグはその著『怠ける権利』（田淵晋也訳、人文書院）の中で、労働者は「キリスト教道徳のあわれなパロディである資本家の道徳」に毒され、禁欲と労働を神聖化するブルジョア・イデオロギーにまどわされて、自分たちの「苦悩と悲惨と堕落」の震源に決して気づかず、やみくもに、「働く権利」を要求しているが、むしろ、「怠ける権利」をこそ要求すべきなのだ、と主張した。ラファルグにとって「怠けること」は「労働の長子である〈進歩〉の神」への反逆であり、また「自負と独立の意気」をそなえた「自由人」への道であり、さらには「人間の情念」の解放へつながるものであった。「怠け」と「自由」を重ね合わせて考えた上での「自由」の主張であり、「労働」と「秩序」を重ね合わせて捉えた上での、それへの反逆であったのである。

フランス・アナーキズムの伝統を受けつぐこうした考え方は「近代化」にどう抵抗するのか。アナーキーとは言っても、フランス人のそれは、のべつまくなしのそれではないのだな、ということを、いまから三十年ほど前の旅行で知らされた。ブローニュの森へ行こうと思って、ツアーから離れて地下鉄に乗ったのだが、発車してまもなく停車した。立っている人はいないというくらいの混み具合で、それから再び走り出すまでの十分間ほど、誰も騒ぎもせず待っていた。日本人なら、すぐに騒ぎだすところだろう。

それにしても福沢はフランスが嫌いだったようで、『西洋事情』では「昔日仏蘭西騒乱のときに然る可き暴行を為せし輩は、皆無学文盲放蕩無頼、良政府の下に居ては活計を営ふこと能はざる者なり」などと書いている。これはいささかならず一方的だろう。

増田宋太郎の回心

明治八（一八七五）年秋、福沢から中津の増田宋太郎のもとへ『文明論之概略』が届く。全六巻のその本は、しばらく開かれもせず、増田の机の上に置かれていた。

増田夫人のシカが『学問ノススメ』のように自分にも読めるものかと思って開いたが、歯が立たない。あわてて閉じたシカを笑って増田は、

「福沢ごときの書いた文章が、どれほど難しかろうか」

と言い、シカに読み聞かせた。

松下竜一の増田伝『疾風の人』によれば、増田はやがて机の前に膝をあらためて読み進んだ。真剣な読書が幾日も続いたのである。

「わたしは、諭吉さんと格闘しておる」

呼称も「福沢ごとき」から「諭吉さん」に変わっていた。

そして一カ月近く経った後、増田はシカに、

「わたしは慶応義塾に勉強に行こうと思う」

と告げる。

これにシカは驚かなかったが、増田の母親はびっくりして、師の渡辺重石丸に相談しなくてもいいのか、と尋ねた。

「先生には、上京してから直接お目にかかって説明いたす所存です」

『文明論之概略』と格闘した結果の決心は揺るぎようもなかった。

さすがに福沢に直接それは頼みにくかったようで、すでに慶応に入塾していた同年の朝吹英二に周旋を願う手紙を書く。

問題はおカネだった。すでに親戚をはじめ借りられるところからは借りつくしている。

いまさら当てはあるのかと心配しているシカを尻目に出かけて行った増田は、ある夜、にこにこしながら帰って来た。

「驚いたなあ、諭吉さんの功徳ときたら大したものだ」

と言った増田は、こう続けた。

「慶応義塾に勉強に行くのだというたら、あのシブちんの黒沢の叔父貴が、ぽんと金を出してくれたんだからね。やっと、あんたもその気になったか、よかったよかったというてよろこんでくれるんだ。慶応で修業すれば出世まちがいなしと踏んでるのさ。少しは出資しても、元が取れるというわけだな。……わたしもこれをはずしたら大変だから、はい、きっと出世しますという顔をしてたけどね」

そして中津を出た増田は、明治九年の正月を大阪で迎え、その年の春に慶応に入った。しかし、卒業生名簿には増田の名はない。それを松下は「多分彼は出版局を手伝うといったアルバイトをしながら聴講生の如き形をとったのではないか」と推測している。学資もなかっただろう増田を出版局に周旋したのは、またいとこの福沢だった。

外国人観の変貌

「彼も後年悔悟して、慶応義塾に入り、先生のお世話になつて私との絶交も取消し、先生も大層増田をお賞めになりました」

増田宋太郎の入塾を周旋した朝吹英二はこう語っているが、朝吹自身、かつては、先生、つまり福沢を暗殺しようとした者だった。

では、あれほどに福沢を憎み、敵視してきた増田がなぜに変わったのか？　直接的には『文明論之概略』に感化されてだが、『疾風の人』という増田伝の著者、松下竜一は「反福沢精神が、次第に変貌してゆく漸進的過程があった」と考える。最初の屈折点は、明治五（一八七二）年の中津皇学校廃校である。それで増田は挫折し、現実の政治運動に向かうようになる。朝吹の慶応入塾に続く岩田茂穂の入塾もショックだった。断髪したのも、そうしたことが契機になっているだろう。

そして松下は、増田の福沢への接近に「宋太郎自身の変化とともに福沢の変化」を見る。

福沢は明治八（一八七五）年四月二十九日付の手紙で、アメリカ在住の富田鉄之助に宛てて、次のように書いている。

「外国人の乱暴も追々増長いたし、先日より強姦《ごうかん》の公事も両度なり。誰れか西洋諸国の白人を文明と云ふ。正《まさに》是人道外の白鬼なり。耶蘇の宗旨もクソデモクラへ、無用の坊主を我国へ遣していらざる人を教化するより、人間らしき公使コンシェルでも置て、泥坊と強姪の始末などする方、遥に優るべし。堂々たる英亜文明の政府にて、其人民が他国にて強姪を働き、其始末をせざるのみか、公使コンシェルは強姪者に左袒《さたん》して正に我日本を抑圧せんとせり。驚入たるワイトデヴル（白鬼）なり。右強姪、一は英人米人三名にて築地にて或る官員の細君を犯して肯《がえん》ぜず、依て之を打て大に疵《きず》付て死生未定、一は五、六日前芝山内にて同様の事ありしよし」

松下はこれを「公刊された書物ではなく、私信であるだけに露骨なまでに福沢の対白人感情がほとばしっている」と評する。そして、これを増田の文章とするなら、さもあらんと納得するだろうと指摘する。

「その慷慨詩において、白人を蛮夷、寇賊、腥膻などと侮蔑して来た宋太郎であってみれば、人道外の白鬼という表現の烈しさも、いかにも彼らしいと思われやすい」というのである。

ところが、これは福沢の外国人観だった。

「試に我開港場等に在留する外人を見るに、百人に九十九人は、有徳の君子と思はれず。人の話を聞けば、外国人は皆後生《ごしよう》を願ふ由なれども、余輩の鑑定にては、開港場の外国人に、極楽往生の出来べき人物は、極て稀なり。食ひにげ、飲みにげ、人力車に乗て賃銭を払はず、普請をして大工をたをし、約条の前金を取て品物を渡さず、欺策詐術至らざる所なし」

未発表のこれもそうである。

接点が又従兄弟の慶応入塾

増田ならともかく、とても福沢が書いたとは思えない「白人」批判の手紙を明治八（一八七五）年春に福沢は富田鉄之助に送った。『学問ノススメ』に次のように書いた福沢も現実に「白人」が入ってくると変わったのである。

「日本とても西洋諸国とても、同じ天地の間にありて、同じ日輪に照らされ、同じ月を詠《なが》め、海を共にし、空気を共にし、情合ひ相同じき人民なれば、ここに余るものは彼に渡し、彼に余るものは我に取り、互ひに相教へ互ひに相学び、恥づることもなく誇ることもなく、互ひに便利を達し、互ひにその幸ひを祈り、天理人道に従って互ひの交りを結び」

手放しの礼賛から要警戒へとスタンスを変える。それだけ福沢は増田に近くなった。

松下竜一は『疾風の人』でこう指摘する。

「きわめておおざっぱな軌跡で描けば、敬神（尊王）攘夷思想という右側から次第に民権運動を介して左側へと屈折して来た宋太郎と、西洋啓蒙思想という左側から、そのゆき過ぎに気づいて右側へと屈折して来た福沢が、ちょうど出会った接点が明治九年の宋太郎の慶応入塾であったというふうにはいえまいか」

翌十年の西南戦争に参加して増田は亡くなってしまったから、以後の二人の交錯をたどることはできないが、松下の言うように「福沢がこののちいよいよ右側へと屈折して行ったことは歴史的事実」だった。増田を回心させた『文明論之概略』にすでに福沢は激越な洋人批判の小幡篤次郎の一文を引いている。増田だけが変わったのではなく、福沢もまた重心をかける足を替えた。のちに慶応義塾の塾長となる小幡の「洋人批判」の一節を引こう。

「今、試《こころみ》に都下の景況を見よ、馬に騎し車に乗て意気揚々、人を避けしむる者は多くは是れ洋外の人なり。偶《たま》ま邏卒なり行人なり或は御者車夫の徒なり之と口論を生ずることあれば、洋人は傍らに人なきが如く、手以て打ち足以て蹴るも、怯弱卑屈の人民これに応ずるの気力なく、外人如何ともす可らずとて怒を呑で訴訟の廷に往かざる者も亦少なからず。或は商売取引等の事に付き之を訴ることあるも、五港の地に行て結局彼国人の裁判に決するの勢なれば、果して其冤を伸る能はず、是を以て人々相語て云く寧ろ訴て冤を重ねんより、若かず怒を呑むの易きにとて、其状恰かも弱少の新婦が老悍の姑側に在るが如し」

それからおよそ百三十年経って「其状」は変わっているのだろうか。沖縄で米兵が少女に乱暴した事件でも「訴える」ことなく、泣き寝入りになっている。福沢が説いた「独立」は未だ実現していないのである。

増田が『田舎新聞』の編集長に

明治七（一八七四）年の民撰議院設立建白書が呼び水となって『東

京日日新聞』『郵便報知新聞』、そして『明六雑誌』などで民権運動が主張される。それを恐れ、翌年政府は讒謗《ざんぼう》律・新聞紙条例を出して言論弾圧に乗り出す。

こんな法律の下では自由に執筆ができないと福沢は『明六雑誌』の廃刊を提案し、社中の賛成を得て同誌は廃刊される。

しかし、弾圧は逆に民権派を刺激することにもなり、中津でも新聞が発行されることになった。その名も『田舎新聞』で、編集長が増田である。

創刊号が出されたのは明治九年十一月十三日。増田は師の渡辺重春にこんな手紙を送っている。

「扨《さて》、当地に於ても新聞を開きましたので、別便にて一葉差上げました。今後も続けて送りますので、御心付きの論説や異聞の聞込みなどありましたらどうぞお寄せ下さるやうお願ひします」

『疾風の人』には、この新聞について「『田舎新聞』の人脈は福沢派と増田派両派にわたっていて、これまで冷視し合って来た両派がここに初めて合流して中津での民権運動を推めようとしている事実に注目させられる。これも、宋太郎が慶応義塾に学んだという転機によって初めて可能となった交流であったろう」と指摘されている。

　ほとんどなくなってしまった『田舎新聞』創刊号の一面右半分を写した写真が福沢記念館にあり、こんな記事もまじっている。

「天から玻璃《びいどろ》長崎から赤飯《こわ》とは昔の話にて其長崎から耶蘇説教師さんが過日より御出にて当市中鷹匠町にて今晩から講釈が始まりますか

ら聴たくバ御出なされ田舎までとんだこと」

かつては激しく憎悪し、危険視した耶蘇宣教師の説教記事も載せるほどに、編集長の増田宋太郎は変化していた。冷やかしつつも載せたところにそれは顕著である。変化していたからこそ、福沢派からも認められて増田は編集長に迎えられたのだった。

しかし、翌年、増田は西南戦争に参加して還らぬひととなる。時に二十九歳。満年齢で言えば二十八歳六カ月である。

それを知った福沢の驚きぶりは尋常ではなかった。

「中津から宋太郎を出したことは、灰吹のなかから竜の飛び出したようなものである」

福沢はこう言ったといわれる。

明治十（一八七七）年十一月十三日、田舎新聞社は中津の明蓮寺で増田の慰霊祭を行い、続いて起業一周年を記念する祝宴を開いた。増田夫人のシカは「あの人は夢のような人でございました」と呟いたという。

まちがってしまった太鼓判

増田と共に福沢をねらい、逆に感化されて福沢の門下生となったのが増田と同い年の朝吹英二であることは前述したが、その朝吹について、おもしろい逸話がいろいろある。

小島直記の『硬派の男』（実業之日本社）によれば、朝吹の頭は大きかった。帽子屋に行くと、ちょうどいいサイズの帽子をさがすのに苦労したという。幼時に疱瘡にかかったため、アバタ面。また、声がどでかかった。あの声なら、電話でなくとも直接向こうの人に聞こえるのではないか、とまでからかわれたらしい。

その上、無類のあわて者で、自分の家とまちがえて隣の家に入り、暑かったのですぐ裸になってしまって、出くわしたその家の夫人も仰天したという。

頭の回転が早いだけでなく、人情味もあって、のちに財界の大立者になったが、この朝吹を見込んだ福沢が自分の姪と結婚させようとした。

兄の中上川彦次郎に連れられて上京し、叔父の福沢邸に住んでお茶の水女学校に通っていた姪の澄が十六歳になった時、福沢はこの話を持ち出した。

それを聞いた澄は蒼白になり、

「他のことは何でも叔父さまの言うことを聞きますが、それだけはお許しを」

と涙まで浮かべて固辞する。

それで福沢は、

「お前さんがそう言う気持もわからないではない。朝吹君は決して美男子ではないからね」

と言った後、

「確かに朝吹君はいい男ではないが、夫として将来を託せるかどうかは、顔だけで決めてはいけない。人物本位で、将来に見込みのある男をこそ選ばなければならないのだよ」

と続けた。

しかし、澄は黙っている。不承知なのである。福沢はさらに説いた。

「その点、朝吹君こそ第一等の人物だ。それにあの顔なら、女にもてるはずがない。従って道楽の心配もなく、家庭は円満となるから、幸せこの上ないではないか。私が保証するよ」

つまり、福沢が太鼓判を捺したのである。それで遂に澄も決心し、朝吹の妻となった。

小島直記はこの逸話を引きながら、「福沢の眼光をもってしても見えないことがあった」と書く。醜男《ぶおとこ》だからもてる心配がないわけではないのである。朝吹は大いにもてた。

それについて小島は「福沢自身、酒こそ飲むが、遊里の巷に足をふみ入れたことのない人物だったため、女の心情については理解不十分だった」と記し、「澄はさぞ叔父の太鼓判をうらんだことだろう」と付け加えている。

西郷の抵抗を讃える

維新のやり直しをしようとした西郷隆盛に殉じて亡くなった増田宋太郎は、西郷と同じように、「天皇様の賊として」殺された。

その西郷に甚しく同情的だったのが福沢である。西郷が兵を率いて東上の途についたことを知るや、福沢は次のような趣旨の建白書を認《したた》める。

「暴徒の暴発は固《もと》より不問に附すべからずと雖ども、西郷が尋問の筋ありて上京するといふのは彼にも必ず中条があるであらう。それを問はずして玉石混淆、征討令を発せらるるのは、維新第一の功臣たる西郷に対する処置として忍びないところであるから、西郷の征討令は暫く猶予せられ、其中条を確かめたる上、処置に及ばれたし」

この建白書について、『疾風の人』を書いた松下竜一は、福沢の「もっと先を読んだ保身術が潜んでいたと見るべき」として、せっかく軌道に乗せた中津の市学校などを瓦解から護るのは「増田ら一党以外の中津士族が毫も叛意を抱いていないことを政府首脳に認知させておく必要があった」と指摘する。

確かにそういう意図もあったのかもしれないが、福沢には明らかに西郷への親近感があった。それで西南戦争が決着した直後に『丁丑《ていちゅう》公論』を書いた。だが、すぐには公表せず、それが陽の目を見るのは実に二十四年後である。しかし、松下の言うように『公論』には「一種異様なまでの文章の昂揚」感がある。

「政府の専制咎む可らずと雖も、之を放頓すれば際限あることなし。又これを防がざる可らず。今これを防ぐの術は、唯これに抵抗するの一法あるのみ。世界に専制の行はるる間は、之に対するに抵抗の精神を要す。其趣は天地の間に火のあらん限りは水の入用なるが如し」

福沢には珍しく高い調子で始まって次のように続く。

「近来日本の景況を察するに、文明の虚説に欺かれて抵抗の精神は次第に衰頽するが如し。苟《いやしく》も憂国の士は之を救ふの術を求めざる可らず。抵抗の法一様ならず。或は文を以てし、或は武を以てし、又或は金を以てする者あり。今、西郷氏は政府に抗するに武力を用ひたる者にて、余輩の考とは少しく趣を異にする所あれども、結局其精神に至ては間然すべきものなし」

かって、『学問ノススメ』初篇で強訴・一揆のたぐいを「恥を知らざるとやいはん、法を恐れずとやいはん」と一蹴した福沢とは大分違っている。しかし、この後段で福沢は、「無智の小民」と「上流なる士族」をはっきりと区別している。ともあれ、西郷の抵抗の精神を熱っぽく讃えた福沢は、西郷に殉じたまたいとこの増田については追悼の文を残さなかった。

母の遺言を忘れず

幕臣でありながら新政府の要職に就いた勝海舟に福沢は痩せ我慢の必要を説いた。それに対し勝は「行蔵は我に存す、毀誉は他人の自由」と開き直ったが、福沢は西郷隆盛に対しては点数が高かった。その西郷は福沢の『文明論之概略』を愛読していたという。

福沢がとくに礼讃したのは西郷の「抵抗の精神」である。

西南戦争に敗れるや、つい昨日までは西郷を、大をつけて呼んでいた新聞記者たちも、一斉に掌を返して「賊将」扱いする中で、それに抗する論説を発表するのは容易なことではなかった。だから二十四年後に出版される。

「余は西郷氏に一面識の交もなく、又其人を庇護せんと欲するに非ずと雖も」、いまこの一冊子を記して「公論」と名づけるのは、「後世子孫をして今日の実況を知らしめ、以て日本国民抵抗の精神を保存して、其気脈を絶つことなからしめんと欲する微意のみ」と前置きした福沢は、世人は西郷を賊というけれども、彼の尊王の志は今も昔も変わっていないし、道徳品行の高いことも昔と同じである、と説く。

だから、西郷は天皇の賊でも道徳の賊でもない。彼はただ「旧政府」（幕府）に抵抗したのと同じく、「今の政府」にも抵抗しているのだ、と。

そして、その抵抗の精神こそが貴重なものであり、現政府の立場で西郷を賊というが、「政府の名義あれど事物の秩序を保護して人民の幸福を進むるの事実」なく、「有名無実のものと認むべき政府は、之を顚覆するも義に於て妨げなし」とまで主張する。

ただ、福沢は、西郷が正面から新政府の非を明らかにしないで、単に（密偵とされた者の）暗殺問題のみについて政府に尋問の筋ありと主張したのは残念だと言い、「兵を挙て政府に抗するならば、第一、薩人たる人民の権利を述べ、従て今の政府の圧制無状を咎るのみにして、暗殺の如きは之を云はずして可なり。若し之を云はゞ、他の実事を表するの証拠として持出す可きのみ。後世に至て、明治十年の内乱は暗殺の一条より起こりたりと云はゞ、恰も乱の品価を賤しきものにして、世界中に対しても不外聞ならずや」と西郷を批判してもいる。

西郷に対しては熱く共感した福沢も、増田宋太郎には弔辞を献げることはなかった。

しかし、増田夫人のシカのことは気遣い、中津の蚕糸会社の末広が官営の富岡製糸場に出す実習生の監督者にどうか、と斡旋している。仲介役に来たのは増田と親しかった岩田茂穂だった。

福沢は母のお順から、シカの力になってほしいと言われたことを忘れなかったのである。

第四章　中江兆民と福沢諭吉

ルソーとヴォルテール

兆民と諭吉はちょうどひとまわり違う。兆民が十二歳下である。しかし、没年は同じ明治三十四（一九〇一）年。諭吉が満年齢で六十六歳。誕生日を過ぎた兆民が五十四歳だった。

ガンを患って余命一年半と宣告されても、兆民の舌鋒は鋭く、「今やわが邦中産以上の人物は、皆横着の標本なり、ヅウヅウしき小人の模範なり」と衰えを知らず、山県有朋らの元老に対しても「皆死し去ること一日早ければ、一日国家の益となるべし」と容赦がない。松永昌三の『福沢諭吉と中江兆民』（中公新書）によれば、その当時、「福沢と中江は並び称されることがあった」というが、諭吉は兆民について何も書き残していない。

それに対し兆民は遺著となった『一年有半』で近代の非凡人三十一人を選び、その一人に諭吉を挙げている。そして、諭吉の文章を「福沢文天下これより飾らざる莫《な》く、これより自在なる莫し、その文章として観るに足らざる処、正に一種の文章なり」と賞賛しているのである。

没年が同じと書いたが、諭吉が亡くなったのは二月三日、兆民は十カ月後の十二月十三日にその後を追った。

それで兆民は諭吉が亡くなった時、「福沢先生卒す」という次の弔文を献げている。

「先生は今代の偉人也、吾人先生の儀来を拝したること、終《つい》に両三度に過ぎず、而《しか》も毎々他人座に於てしたるが故に、竟《つい》に教を乞ふこと有るを得ざりし、憾《うらみ》たること実に多し、先生の薫陶を蒙むり、指画を受けて、文武の顕職に上ぼり、若くは野に在て、陶朱計然の業に従事し、身巨富を致し、大に国家に益し、若くは講説に勤めて、人材を奨むる者、前後数百千人に至る、若夫れ先生の言論行実、隠然上下に被むりて、世の秕〔ママ〕益を為せしに至ては、其功たる遽《にわか》に測度し易《かわ》らざる者有り、先生の今世に於ける、古の胡瑗《こえん》、ヴォールテール、貝原篤信を鋳陶して、一人と為せる者と謂ふも、誰か比擬を失すと曰《い》はん、明治の俊傑は吾人断じて言はん西郷隆盛勝安房岩崎弥太郎而して先生を合して四人なりと、猗与《ああ》盛なり、而して今や逝けり、惜む可き哉」

一日でも早く死んだ方が国家のためだと痛罵された山県有朋らとの何という違いだろう。確かに諭吉をヴォルテールに擬し、兆民をルソーになぞらえる人もいるが、その当否についてはここでは追及しない。

いずれにせよ、なかなかに皮肉家の兆民が西郷、勝、そして岩崎と並ぶ「明治の俊傑」と讃えたのだった。しかし、前掲書で松永が指摘する如く、「中江は、福沢を尊敬していたが、親愛感は抱いてはいなかった」。自分とは違う資質だと思っていた節《ふし》がある。

時事翁と中江篤介君

松永昌三は前掲の『福沢諭吉と中江兆民』で、『女学雑誌』第二四〇号（一八九〇年十一月二十二日）から、「撫象子《ぶぞうし》」による二人の比較を引いている。

題して「時事翁と中江篤介君」。『時事新報』を出している福沢を「時事翁」と言い、兆民は本名で呼ぶ。

これがなかなかにおもしろいのだが、まず、「着眼」。

時事翁は富と金、平和と満足なのに対して、兆民は道理と自由、そして革命と破壊だという。

次に翁が「不平」を抱くのは、金のなき者、実際の出来ぬ理想、官員の威張りに国民のコリ性である。

対して兆民は貴族的、面倒くさき事、虚飾的、万事に道理のなき事に不平を持つ。

そして「熱心」。翁の場合は熱心ならざる熱心。石炭のふすべる如し、切迫せず。兆民は絶望的の熱心。火山の石の躰あり。

「熱心ならざる熱心」の翁に「絶望的の熱心」の兆民という対比もなぜか頷かされる。

では「真実」をどうとらえているのか。翁は方便、ポリシー。時に随て更《かわ》る。坊主の説教に似たりと捉えていると思われているのに、兆民は「ヤケ酒のみて慷慨するの状あり」とコメントされている。

「秀所」は平凡卑近、何人をも感服せしむる翁は大コモン・センスがあって巧妙。

これに対し兆民は世俗界の神韻余りあり、横に天使を飛ばしむとあるが、要するに飛んでいると思われているということか。

「欠点」は翁が義人を服する能《あた》はずなのに、兆民は実際眼の人を服する能はず。つまりは両者の「信者」が違うのである。

翁は弁の行くまま文章を綴るが、兆民は情の行くままそれを綴るという違いも、信者の違いに帰するだろう。

「措辞」は俗語霊光ありて俗語多しの翁に、俗語圭角を生ずの兆民となり、漢語多しの兆民のそれは字々穏当よく直立すとある。

「前途」はつねによろしの翁に、文趣の更に解さるると共に現れんの兆民。

そして「批評家」としてはどう見られていたか。

評家ならぬ如くして評家の翁はつねに用ひらるべく、望む所は富と人情と数だとか。

それに対して兆民は批評家らしき批評家なれど、其言到底用ひられず、望む所は自由と道理と人情となっている。

「冷嘲」という項目では、翁が算盤を以て実業家らしくと見られているのに、兆民は、書物を以て哲学家らしくと見られている。

世の中は然らずとて禅僧の如き翁に対し、兆民は愚民多しとて敗軍の将の如く見られていた。

「長崎物語」

時期はずれるが、兆民も諭吉も長崎に留学した。長崎と言えば、こんな歌を思い出す。

〽赤い花ならまんじゅしゃげ
　オランダ屋敷に雨がふる

「ぬれて泣いてるジャガタラお春」と続く「長崎物語」である。

ある時、山形県の朴沢《ほおのさわ》という僻地の小学校に太った女性校長が赴任し、村の人たちの歓迎会でこの歌を歌った。狭い村のこととて、すぐにその話は伝わり、次の日から子どもたちは盛んにこの歌を歌うようになる。

それで長谷川正という教師が、これを社会科の授業に取り込むことを考えた。ちょうど江戸幕府の成立と封建制度の学習にさしかかっていたところだった。

「まんじゅしゃげてどんな花」

「オランダ屋敷てどこさあったの」

「ジャガタラて何？」

「お春はなぜ泣いた」

こうした子どもたちの疑問に答える形で長谷川は島原の乱の学習を展開していく。そうして、それはキリスト教を信ずる者たちの抵抗であっただけでなく、圧政に耐えかねた百姓の一揆でもあったことを教え、踏絵や拷問、それに宗門改めのことなどを学ばせたのである。

さらに、村の瑞光寺にのこっている寛永十八（一六四一）年の宗門御改帳を写してきて、子どもたちに調べさせ、信仰の自由をゆるさぬ圧政が東北の山の中にまでのびていたことを教えた。

当時の朴沢の住民は九十三人で、男が五十八人で女が三十五人。御改帳には「右の者たちはまちがいなく私の寺の信徒でキリシタンではありません」と書いてあるが、子どもたちは、なぜ女がそんなにも少ないのか、という疑問にもぶつかった。

それで長谷川は、働き手にならない女の子が主に「間引き」されたことを教える。ちなみに、寛永十年代に、幕府はポルトガルに対する圧迫を強め、十三年にはポルトガル人の日本人妻や混血児三百人近くをマカオに追放し、海外からの文通も禁じている。

さらに寛永十六年には、オランダ、イギリス人の妻子三十名余りがジャカルタ（バタビヤ）に追放された。これが、いわゆるジャガタラ追放で、この中に、長崎の筑後町にいた十五歳の混血少女「ジャガタラお春」も入っていたのだった。お春は母親や姉と一緒にバタビヤに送られたが、のちにオランダ東インド会社のシモンセンと結婚して幸せになり、七十二歳で亡くなった。しかし、お春とは違って、平戸のオランダ商館長ナイエンローデと平戸の女性との間に生まれたコルネリヤ姉妹のように、混血故に父親の死後、生母から引き裂かれてジャカルタに送られた例もある。

中江兆民の「非開化論」

福沢諭吉が中江兆民のひとまわり上であることはすでに書いたが、諭吉と同い年が橋本左内で、一歳下が坂本龍馬である。兆民は長崎留学中に龍馬と知り合った。

諭吉の四歳上が吉田松陰で、七歳上が西郷隆盛、十歳上が大村益次郎で、勝海舟が十二歳上となる。

こう並べると、橋本左内と言い、龍馬と言い、そして松陰と言い、途中で生を終えざるをえなかった人が多いことに驚く。もちろん諭吉にも暗殺の危険はあったが、その思想があまり過激でなかったためか、それとも諭吉が用心深かったためか、維新の激動をくぐりぬけ、その思想が広がる時間をもった。

諭吉に比して、兆民は要注意人物だった。前掲『福沢諭吉と中江兆民』によれば、明治十六（一八八三）年に警視総監を辞めて海軍大輔《たいふ》になった樺山資紀《すけのり》は、後任の大迫貞清に、

「在野政治家中、最も剣呑《けんのん》で最も注意すべきものは大石正巳、星亨《ほしとおる》、中江篤介、大井憲太郎の四人だ」

と語ったという。

兆民は「開化」に双手を挙げて賛成はしなかった。それどころか、ルソーの『学問芸術論』を明治十六年に翻訳し、『非開化論』として発刊している。

そして、明治新政府の主導した「文明開化」に批判的な態度を取り、

そのスタートとなった岩倉使節団に対しても次のように指摘している。

「明治四年我全権大使の欧米諸国を巡回して制度風俗を採訪せらるるにあたり、敏能の官僚秀俊の髦士《ぼうし》雲の如く随伴せり。しかれどもその中には、あるいはまた知嚢《ちのう》の空虚なる者、竜馬の軽剽《けいひょう》なる者もまたこれなかりしとはいふべからずして、乃ち彼邦数百年来未収穫し蓄積し来りたる文明の効果の燦然《さんぜん》として目を奪ふに遭ひて、始は驚き次は酔ひ終は狂して、事の次序を考へ業の先後を察するの念は一時にその思慮機能の中より迸散《ほうさん》し去り、彼の希臘神代記の魔女に倣《なら》ふて、一夜の中に我日本国を変じて純然たる欧米となさんと欲せし者もまたこれなかりしといふべからず。その外形に眩してその精神を忘るることは平庸動物の持ち前なかばなり」

これに兆民は「流行の論」という題をつけている。文明開化という風潮に対し、あくまでも半身の構えを崩さなかったのである。もちろん諭吉にも開化への疑問はないわけではないが、兆民のように深く、そして重くはなかった。「外国の制度を把り来りて、之を我国の制度に接木し、其腐腐《ふゆう》したる萌芽の少許《すこしばかり》発生するを見て、曰く、『是れ文明』」などと騒ぐ風潮を苦々しく見ていたのである。

娼妓をめぐって

兆民は長崎留学中に同郷の後藤象二郎から多額の資金援助を得て江戸へ出たが、その時の無心の手紙がふるっている。

「苦学して未だ放遊を試みるのいとまあらず、旁らに書冊を引き日に頭を埋む、此の身また諸生と称せんや否や、周歳花月楼に登らず」

要するに一年間、花月楼に行かないで勉強するから留学費を出してほしいという頼みを漢詩にしたのである。花月楼とは長崎の有名な遊廓だが、フランスへ留学しても、兆民の放蕩は並みではなかった。松永昌三は『福沢諭吉と中江兆民』に兆民自身のこんな述懐を引いている。

「ナニ仏国の公娼はドンな風だと、そふさ、欧州は流石《さすが》に社会の制裁と云ふ者が強いから、女郎屋と云ふ者は、皆社会の裡面に隠くれて遣ツて居る、女郎買ひに往く客は皆コソ〳〵で往く、其巣を知らない者は誰れか案内者を頼まねば往かれない、市街の中に女郎屋が有ツても、客が之を他の人に尋ねて往くワケに参らぬから、女郎屋の門札だ

け は、他の普通の人の門札よりも少しく大きくして有る、ソレも其道の通人でなければ分からない様にして有ツて、又女郎の多くは自前で有るから、女郎自身の自由と云ふ者も有る」

これに対し諭吉は、若い時はともかく、一家を構えてからは遊興に溺れることはなく、『日本婦人論』等で女性の地位の向上を主張した。しかし、売春をなくすことはできないから、その弊害をできるだけ除去して公娼を認めるのが妥当と言っていた兆民と同じく、娼妓は必要だと考えていた。諭吉の「人民の移住と娼妓の出稼」を引く。

「娼婦の業は素《もと》より清潔のものに非ず、左ればこそ之を賤業と唱へて一般に卑しむことなれども、其これを卑しむは人倫道徳の上より見て然るのみ。人間社会には娼婦の欠く可らざるは衛生上に酒、煙草の有害を唱へながら之を廃すること能はざると同様にして、経世の眼を以てすれば寧ろ其必要を認めざるを得ず」

そして「人民の海外移植を奨励するに就て、特に娼婦外出の必要なるを認めたればなり」と主張しているのである。

諭吉は『品行論』でも、遊廓を禁じたら、たとえば東京では「満都の獣欲」を抑えることができなくなり、良家の子女は淫らになって社会の秩序が乱されると指摘し、「本人のこの業を執る目的は兎も角も、社会より之を論じ、其人と業との如何を問はずして其業の成跡を見れば、娼妓も亦是れ身を苦しめて世に益する者と評せざるを得ず」と結論している。理想を高く掲げない諭吉の現実主義がよく出ている論と言えようか。

光永寺とフランス寺

「長崎に丸山にいふ処なくば、上方の金銀無事帰宅すべし。ここ通ひの商ひ、海上の気つかひの外、いつ時しらぬ恋風おそろし」

これは井原西鶴の『日本永代蔵』の一節である。花月楼などがあった丸山遊廓を訪れた男たちは多い。諭吉や兆民も例外ではなかった。思案橋を渡り、丸山に向かう本石灰町通りの商店街ではいま、両側にアーチを設け、街路灯にゆかりの人たちをデザインしている。たとえば坂本龍馬であり、高島秋帆《しゅうはん》であり、岩崎弥太郎であり、そして福沢諭吉である。他にイギリス人のリンガーやオルトといった商人や中国人の墨客、江芸閣《こううんかく》のそれもある。

今年の一月に私は長崎に行き、桶屋町の光永寺を訪ねた。門前に「福澤先生留学址」とある。砲術家の山本物次郎の家に食客として住み込んだ諭吉は「鄙事《ひじ》多能は私の独得」という言葉通り、水汲みや掃除はもちろん、犬猫の世話までやった。一年だけの遊学だったが、『福翁自伝』で、こんな逸話を語っている。当時、長崎では節分の夜に、法螺貝を吹き、経文を唱えて、各家をまわると、銭や米をくれる習わしがあった。厄払いである。それで諭吉は友人と共に、そのマネをして、ちゃっかり銭や米をせしめた。それで餅を買い、鴨も買って雑煮をつくり、たらふく食べたという。

光永寺は東本願寺の末寺で、かなり大きな寺だが、そこで学んでも、こうした逸話を見る限り、諭吉に宗教心はなかったと言うべきだろう。

しかし、兆民は違った。なぜなら、長崎在住の英米人の多くが商人だったのに対し、フランス人はカトリック僧侶が中心だったからである。医学に関心を寄せ続けた「英学」の諭吉と、哲学に重きを置いた「仏学」の兆民はそこで対照をなす。

飛鳥井雅道は『中江兆民』（吉川弘文館）に「フランス寺」のことを書いている。

文久三（一八六三）年に長崎にやってきたフランス人神父のプチジャンは、二年後の慶応元年に大浦に天主堂を建てた。兆民はこの年に長崎に着いている。当時はまだキリシタン禁令は解かれていず、この天主堂も表向きは長崎在留の外国人のためのものだった。しかし、プチジャンはこれを十七世紀に処刑された二十六人のキリシタン殉教者を祀る「二十六聖殉教堂」として位置づける。この天主堂を長崎の人たちは「フランス寺」と呼んだ。そこにやってきた隠れキリシタンのイサベリナ・杉本ゆりが「ワレラノムネ、アナタノムネトオナジ」「サンタ・マリアノゴゾー（御像）ハドコ」と信仰を告白する。神父は感動し、これをそのままローマ字にした。奉行所もすぐには弾圧できないほど注目されたという。

偉大なる常識家

もう十年以上前のことになるが、夏に一週間ほど、長崎大学で集中講義をしたことがある。「企業社会と人間」とかいうテーマでだった。そのとき、長崎には「三菱の方、県庁の人、市役所の奴」という言い方があることを知った。三菱重工長崎造船所のある長崎は、ある意味で〝三菱の街〟である。飲み屋を中心に三菱の社員が最高の客であり、次に県の役人、そして市役所の職員が続くということだろう。官より民を重視した諭吉が、この逆転現象を知ったら、どんな感慨をもらしたか。

三菱の創始者、岩崎弥太郎も諭吉も長崎に遊学したが、早稲田大学の創立者、大隈重信もここで英学を学んでいる。森銑三の前掲『明治人物夜話』に「大隈侯の碁」と題した一文がある。そこで諭吉がこう評されている。

「福沢が大きな体をして、盤に向ったところは、愚なるが如く、癡《ち》なるが如く、背を曲げ、頭を下げて、諦視黙考しながら、さて下すのが皆凡手で、やゝもすれば死生も弁じないのに、観てゐる方で腹の皮をよつたさうである。——福沢翁はやはり常識家であつた。軍人となつて、戦場に三軍を指揮するなどといふ柄ではなかつたのであらう」

常識の通じない世に常識家は必要である。諭吉は偉大なる常識家だったが、それ故に、碁などに表れているように博才はなかった。そこが兆民と違うところである。

前節でフランス寺のことを書いたが、飛鳥井雅道の前掲『中江兆民』によれば、長崎から江戸に出た兆民はすぐに横浜のカトリック教会に現れる。だから、「長崎のフランス寺との接触がすでにあったと推定して誤りはないであろう」と飛鳥井は書いている。

すでに実用の学として主流になりつつあった英学に対し、兆民は違った近代化の可能性を仏学に見出そうとした。しかし、そのころ、そもそもフランス語の辞書がなかった。

それで兆民は、和蘭、和英、英仏対訳などを突き合わせて解読に努めていた。兆民が自ら、こう語っている。

「文法書の如きも、其始て臨読するや、天主教僧侶に就て質疑す。彼れ日本語を能くせず、我れ仏蘭西語に通ぜず。目、察し、口、吟じ、手、形し、苦辛惨憺として、其終は、則ち相共に洒然一笑して、要領を得る事能わざるもの、日に幾度なるを知らず」

天主教僧侶、つまり、フランス人のカトリック神父は日本語がうまくなく、兆民はフランス語が不自由なので、身ぶり手ぶり、ジャスチュアをまじえて理解し合おうとしたが、結局、わからなかったことが日に幾度もあったということである。

馬場辰猪との関係

兆民と岩崎弥太郎は同じく土佐の出身である。だから兆民は長崎から江戸に出ようとした時、その船賃の二十五両を土佐藩留学生監督役だった岩崎に出してほしいと頼んでいる。

しかし、「二十五両は高額也、一書生の為に投ず可けんや」と断られ、「僕の一身果して二十五両に値ひせざるや否や、之を他日に見よ」と唇を嚙んだ。それで次に、やはり同郷の後藤象二郎に依頼したのである。兆民の弟子、幸徳秋水が『兆民先生』（岩波文庫）にそう記している。

当時、土佐藩の参政だった後藤は、旧格にこだわることなく、地下浪人出身の岩崎を登用した。

さて、兆民より三歳年下で同じく土佐出身の馬場辰猪《たつい》と兆民はこのころ知り合い、終生親しい友人としてつきあう。『中江兆民』によれば、下級武士の足軽の中江家と、御馬廻という上士の馬場家とは格違いであり、いかに藩校で同席したとはいえ、私的に友人となることは土佐ではあり得なかった。しかし、そうした枠を越えて、兆民と辰猪は友情を結ぶ。

辰猪は「海軍機関学」を学ぶため、藩から江戸へ送られたのだが、幕府の海軍伝習所はまだ立ち上がっておらず、福沢諭吉の塾に入って、まず、英学を学ぼうとする。

のちに民権運動の理論家として名を成した辰猪は、明治二十一年秋、亡命中だったアメリカのフィラデルフィアで亡くなったが、それを弔って兆民はこう書いている。

「君、性厳重ニシテ、諸生タル時ヨリ、衣服刀履儼然《げんぜん》トシテ、少モ屁児帯風ノ不作法有ルコト無シ。余ハ不作法ノ極点ナリキ。但余ハ君ヲ頼母敷《たのもし》キ人ナラント思ヒタリ。後来何事カハ分ラザレドモ、一度ニ度ハ必ズ相談スル事ノ有ル人ナラント思ヒタリ。但、容貌ナリ被服ナリ性行ナリ、着々反対ニテ、君ハ美麗ナリ、余ハ醜陋《しゅうろう》ナリ。君ハ鮮整ナリ、余ハ乱雑ナリ。君ハ方正ナリ、余ハ粗放ナリ。君ハ英学人ナリ、余ハ仏学人ナリ」

これは期せずして、辰猪の英学の師である諭吉と兆民の対比ともなっている。

辰猪は貧窮のうちに孤独な死をとげたが、兆民は翌年夏、やはり親しい友人の宮崎夢柳《むりゅう》を失った。兆民と夢柳は漢詩仲間であり、夢柳はフランス革命やロシアのナロードニキに材を取って小説を書いた。

言うまでもなく、兆民の思想のふるさとはフランスだが、その首都パリでは一八七一年に民衆の蜂起によってパリ・コミューンが成立した。世界最初の労働者政府である。翌年の一月に兆民はパリに到着している。

一八七一年、すなわち明治四年と言えば、廃藩置県が行われた年である。

ベンサムとルソー

功利主義は人間の欲望を肯定し、それが社会の進歩に役立つと主張する思想だが、諭吉はこれに肯定的だったのに、兆民は否定的だった。「最大多数の最大幸福」をめざすベンサムらの功利主義を諭吉は積極的に評価し、「議論は議論なり、実際は実際なり」として、現実主義の立場に立って、これを推し進めた。

たとえば、「西洋の文明開化は銭に在り」という『時事新報』の論説で、こう主張する。

「西洋諸国は銭の世の中にして、銭さへあれば有形肉体の快楽を買ふ可きは無論、尚ほ此外に無形の栄誉体面なるものありて、苟《いやしく》も富有の人とあれば社会の尊敬する所と為りて声望甚だ高く、其富豪の大なる者に至りては王公貴人も容易に之と交はるを得ず」

武士は食わねど高楊枝的風潮が強固だった時代に、こう言い切るには勇気が要ったろう。拝金宗と非難されながらも、諭吉は経済、つまり銭の大事さを説いた。

同じく『時事新報』の論説で次のように言う。

「清貧に安んずと云ひ、苦節を守ると云ひ、其名は甚だ美なるが如しと雖も、未だ一家の計を成し能はずして徒《いたずら》に空論を唱ふるが如きは経世経国の実際に何の益する所もなかる可し」

「人の働くは幸福快楽を得んとするが為めにして、其幸福快楽とは平たく云へば美しきものを衣《き》、甘きものを食ひ、立派なる家に棲《す》ふて、金銭に不自由を感ぜざることなり」

松永昌三が『福沢諭吉と中江兆民』で指摘するように、諭吉から見れば、金銭は人間社会の潤滑油だった。「賄賂も亦《また》人事を理するに大切なるものと云ふ可し」と賄賂も直ちに否定してはいない。「私の利益を謀り、理を非に変じ、非を理に装ひ、銭の効力を以て無き道理を製造するもの」は「悪性の賄賂である」と排してはいるが、その区別は容易ではないだろう。

こうした功利主義を兆民は真っ向から批判した。『民約訳解』で兆民は力説する。

「英吉利《イギリス》の勉雑母《ベンザム》いう『婁騒《ルーソー》の民約は、世いまだ若《かくのごと》きもの有るを聞かず』と。彼れ豈《あ》に此の一段を読まず、故に是の言を為すか。婁騒もとより言えり『民約の条目、未だ嘗て之を口に挙げ之を書に筆にせるもの有るを聞かず』と。蓋《けだ》し妻騒、尤も世の政術を論ずる者の往々いたずらに実迹《じっせき》に拠りて説を為すを悪《にく》む。故に本書、専ら道理を推して言を立て、義の当《まさ》に然るべき所を論ず、而して事の有無は初より問う所に非ざるなり」

つまり、ベンサムは単に利（現実）を論じ、ルソーは道理（理想）を論じているのだというわけである。

民党結集を図る

明治十四（一八八一）年春、『東洋自由新聞』が創刊された。社長が西園寺公望《きんもち》で、主筆が中江兆民である。『中江兆民』によれば、フランス派知識人の結集と見なされたが、西園寺の社長就任を政府や宮中が激怒し、岩倉具視が動いて西園寺は辞任せざるを得なくなる。これに兆民は怒り、嘲りをこめて、こう書く。

「君ノ社ヲ去リシハ果シテ何ノ故ゾ邪《や》、嗚呼吁嗟《うさ》、吾儕《わがせい》之ヲ知レリ。凡ソ人ノ言フコトヲ欲シテ言フコトヲ得ズ、知ルコトヲ欲シテ知ルコトヲ得ザル所ハ、皆天命ナリ。西園寺君ノ社ヲ去リシハ豈《あに》天命邪。若シ天命ナラバ西園寺君何ヲ以テ已ムコトヲ得ン。何ヲ以テ言フコトヲ得ン。吾儕何ヲ以テ之ヲ知ルコトヲ得ン。衆君子何ヲ以テ知ルコトヲ得ン。曰上天之載無声無臭至矣。衆君子請フ為メニ一転語ヲ下セ」

「一転語ヲ下」さないと本心を読みとれない皮肉な文章だが、最初、明治天皇の内諭だった辞任の申し入れは、西園寺の実兄で宮内卿だった徳大寺実則《さねのり》を通じても西園寺に拒否されるや、内勅にエスカレートした。そこで西園寺は屈服したのである。

このころ、板垣退助を総理として自由党が結成され、続いて大隈重信を中心に立憲改進党がつくられた。後者は諭吉の影響下にある人々を結集した党だった。

そして、自由党の事実上の機関紙として『自由新聞』が発刊される。社長は板垣で、幹事には馬場辰猪や兆民が選ばれた。しかし、直後に板垣の外遊問題が起きる。馬場は大反対した。カネの出所が怪しいし、第一、党首が結党直後にいなくなるのはおかしい。そう反対する馬場らを板垣は『自由新聞』と党のポストから追放した。その内紛を同じ反政府党の改進党が攻撃し、自由党もそれに反撃して泥仕合となる。

自由党は改進党を「偽党」と呼び、「海坊主」と難じた。改進党のバックに三菱があり、その海運業を指して、そう罵ったのである。兆民は、しかし、この攻撃には加わらなかった。あくまでも、政府の「吏党」に対抗する野党の「民党」結集をめざしていたからである。地縁で集まった九州同志会を核に、旧自由党系三派と立憲改進党の五党派統一交渉は延々と続けられたが、遂に改進党は参加せず、四派で「立憲自由党」をスタートさせることになった。「立憲」を掲げたのは改進党の合流をなおも期待してのことである。その「旨趣書」に兆民は「我党此に慨するあり、相共に奮ふて従来所属の党派を解き、感情の雲霧を洗拭し、然後《しかるのち》相合して新党を組織し、自由の大義に仗《よ》り改進の方策に循《したが》ひ」と書いた。反対もあったが、兆民は「一字も増すべからず半句も減ずべからず」と押し通した。

第五章　洋学紳士、馬場辰猪

旧師の諭吉と旧友の兆民

「頼むところは天下の輿論、目指す讐《かたき》は暴虐政府」という激越な言葉を英文の遺作『日本の政情』に記して馬場辰猪がフィラデルフィアに客死したのは明治二十一（一八八八）年の晩秋だった。この馬場を最も愛したのが旧師の福沢諭吉と旧友の中江兆民である。

兆民の追悼文の一部は紹介したが、諭吉はその八周忌に際して、こう弔った。

「今を去ること凡そ三十年、馬場辰猪君が土佐より出でて我慶応義塾に入学せしときは年十七歳、眉目秀英、紅顔の美少年なりしが、此少年唯顔色の美なるのみに非ず、其天賦の気品如何にも高潔にして、心身洗ふが如く一点の曇りを留めず、加ふるに文思の緻密なるものありて同窓の先輩に親愛敬重せられ」たと。

あえて「旧師」と書いたのは、その思想と行動に於て、師弟は違った道を歩まざるをえなくなったからである。

「紅顔の美少年」の馬場が、鉄砲洲の奥平邸の中屋敷にあった福沢の塾を訪ねた時、校長の諭吉は三十五か六で、馬場が十七だと答えると、「今からだ」と言われた。ちょうど学問を始めるべき年齢だというのである。

当時の塾のありさまを、馬場の『自伝』から引く。

「辰猪がそこへ行った時には、校舎はひどくこわれかけた家であった。それは侍部屋の跡であって、家の東翼に、福沢氏及びその家族の用に供された私室があったが、それは二階建てであって、食堂、厨房及び福沢氏が書物の講義をする一室から成っているのであった。その外に、学生の部屋が数室あって、そこで、学生が眠もするし、勉強もするのであったが、それは十畳か十二畳の部屋が二つとも少し小さい部屋六つであって、そのうちの二つはもと便所であったのを造り直したものであった。それから、大きい炉即ち竈の傍らに畳のない食堂が一室あるのであった」

ここで馬場は教師と学生を兼ねる生活を送った後、イギリスに留学し、ロンドンで兆民と会い、親交を深める。ロンドンには、のちに改進党系の代表的な理論家となる小野梓も大蔵省留学生として滞在していた。

萩原延壽《のぶとし》は『馬場辰猪』（朝日新聞社）に馬場の『自伝』に従って、こう記す。

明治五（一八七二）年ころロンドンには百人ほどの日本人留学生がいたが、街で会っても、お互い知らないふりをした。同じ藩の出身者でない限り、敵視していたからである。ある土佐藩の留学生などは、薩摩藩の留学生を見るたびに腹が立ってたまらないと口走っていたとか。馬場は「全国人民の脳中に国の思想を抱かしめる」という師の諭吉の教えを実践して、小野らと共に日本学生会を組織する。

「英語採用論」に反駁

馬場辰猪がイギリス留学中の明治六（一八七三）年、ニューヨークで森有礼《ありのり》の編纂した『日本の教育』が出版される。その序文で森は有名な「英語採用論」を展開した。日本語はもともと不完全な言葉であり、現在、英語国民の勢力は世界を蔽っているのだから、英語を国語として採用すべしというのである。

前掲『馬場辰猪』によれば、馬場は直ちにこれに反駁し、『日本語文典』を著す。

馬場も日本語がまだ不十分で未熟であることを認め、それを「豊かで完全なものにする」ことが望ましいとしながら、しかし、森が主張するように、日本語が「脆弱で不確実なコミュニケーションの手段」であるとは認めなかった。

日本語も英語やその他の発達した言語のように、一般的な法則によって支配され、合理的な文法をもった言語であることを、練習問題まで付けて馬場は証明した。また、森は英語を国語として採用した場合に起こる社会的な影響を顧慮していない。

英語は近代言語の中で最も難しいものの一つだし、日本語とはまったく性質が異なるので、多くの国民が使いこなせるようになるまでは非常に長い時間がかかるとした上で、馬場はこう続ける。

「なるほど国民のうちの富裕な階級は、貧困な階級がたえず縛りつけられている日常的な仕事から解放されているので、後者にくらべてずっと多くの時間を英語の習得にさくことができる。そこで、もし国の政治や社会的な交際のすべてが英語によってとりおこなわれることになったとしたら、ローマ帝国における貴族と平民の場合のように、下層階級は全国民に関係のある重要な問題からまったく締め出されてしまうことになるだろう。その結果生ずるのは上層と下層の二つの階級の間の完全な亀裂であり、両者の間に共通な感情は存在しなくなるだろう。そして、両者が一つとなって行動することが不可能になり、統一の利益がまったく失われてしまうだろう」

そして馬場は、インドですでにこの弊害は起こっていると説く。

「『日本語文典』は、民主主義者としての馬場の最初の宣言書であった」と萩原は書き、二十四歳の馬場と二十七歳の森が、それぞれ、ロンドンとニューヨークにいて、大西洋をはさんで交わした論戦は、「西欧派」の知識人がたどる運命を予知していたと指摘する。

藩閥政府の中で最も開明的な官僚として文部大臣にまでなった森と、自由民権の理論家として先鋭になっていった馬場との論争は、つまりは国権と民権のどちらを優先するかという争いだった。

「性急な歩行者」の主張

明治七（一八七四）年暮れに馬場は帰国した。

「帰朝してみると、何もかもが変っていた。辰猪が英国に向けて日本を出て以来僅かに五、六年たっているに過ぎなかったのであるが、事物の変り方は奥に驚くべきものがあった。前には、自分はもちろん、あらゆる侍が両刀をさしており、東京の街も将軍時代と全く同じであった。ところが、今は両刀などを帯しているものは誰もなく、重なる街衢《がいく》の家々は煉瓦造りになっていて、街は瓦斯《ガス》で照明されているのであった。鉄道が東京横浜間に開通していた」

馬場は『自伝』にこう書いているが、「東京の町」が変わるとともに、馬場の師の福沢諭吉からも暗殺の危険は去った。すでに見たように、その急先鋒の増田宋太郎でさえ、福沢の門を叩くまでに変わっていたからである。

『馬場辰猪』の著者、萩原延壽は馬場を「性急な歩行者」と規定しているが、その名にそぐわざるが如く、馬場は翌八年春に再びロンドンに向けて旅立った。そして、十一年春まで留学生活を続ける。

そして、『日本における英国人』と『日英条約論』という二つのパンフレットを書き上げた。これは日本が国際社会において平等な取扱いを受ける権利があることを主張し、それを当時の大国、イギリスに向かって突きつけたものだった。

「もし、イギリス人が、われわれ日本人と友好関係を保ってゆきたいのならば、かれらは、完全に平等な原則の上にたって、わが国にやってこなければならない。そして、われわれに希望することを、かれらもまた、われわれにたいして、実行してみせなければならない。われわれ日本人は、いかなる権威にたいしても卑屈になどはならないことを、かれらは銘記すべきである。日本は独立国なのだ」

全篇がこうした、かなり高い調子の告発文である。

『日英条約論』では、馬場は師の福沢の『文明論之概略』を引いている。そして、イギリス人の犯罪者に対するイギリス領事の判決が、しばしば、不当と思われるほど寛大だ、と指弾する。たとえば、十三歳の日本の少女を凌辱したイギリス人に対する判決が、わずか六カ月の懲役だったと嘆いている。

それからおよそ百三十年。イギリスがアメリカになっただけで、日本（政府）の弱腰は変わっていないのではないか。

法権の独立と関税自主権の回復を訴えた馬場を皮肉るように、日本で発行されていた英字新聞『ジャパン・デイリー・ヘラルド』は「日本人は自分たちも史上最大の強国であり文明国である国民と平等な地位を与えられるべき」という大それた野心を抱いていると書いた。

〝平熱の理想家〟福沢

『馬場辰猪』の著者、萩原延壽は「馬場は、いかにも福沢諭吉の弟子にふさわしく、明治日本にとってもっとも重要な政治的課題が、ナショナリズムと自由主義の結合であったことを、はっきりと理解していた」と書く。

そんな馬場を福沢もとりわけかわいがった。第一回のイギリス留学の際、師は、留学のためロンドンに向かう小泉信吉と中上川彦次郎に馬場への次のような手紙を託している。

「方今《ほうこん》日本にて兵乱既《すで》に治りたれども、マインドの騒動は今尚《いまなお》止まず、此後も益《ますます》持続すべきの勢あり。古来未曾有の此《この》好機会に乗じ、旧習の惑溺《わくでき》を一掃して新らしきエレメントを誘導し、民心の改革をいたし度、迚《とて》も今の有様にては外国交際の刺衝《ししょう》に堪不申《たえもうさず》、法の権も商権も日々外人に犯され、遂には如何ともすべからざるの場合に可至哉《いたるべきや》と、学者終身の患は唯《ただ》この一事のみ。政府の官員愚なるに非ず、又《また》不深切なるに非ず。唯如何ともすべからざるの事情あるなり。其事情とは、天下の民心即《すなわち》是《これ》なり。民心の改革は政府独りの任にあらず。苟《いやしく》も智見を有する者は其任を分て自から担当せざるべからず。結局我輩の目的は我邦のナショナリチを保護するの赤心のみ。此度《このたび》二名（小泉と中上川のこと）の欧行も其万分の一のためなり」

これを書いた明治七（一八七四）年の時点で、福沢は「兵乱既に治り」と認識していた。それから三年後の西南戦争でもそれは覆せなかったからである。そして福沢は続ける。

「日本の形勢誠に困難なり。外交の平均を得んとするには内の平均を為《な》さゞるを得ず。内の平均を為さんとするには内の妄誕を払はざるを得ず。内を先にすれば外の間に合はず、外に立向はんとすれば内のヤクザが袖を引き、此《これ》を顧み、彼を思へば、何事も出来ず。されども、事の難きを恐れて行はざるの理なし。幾重にも祈る所は、身体を健康にし、精神を豁如《かつじょ》ならしめ、飽《あく》まで御勉強の上、御帰国、我ネーションのデスチニーを御担当被成度《なされたく》、万々奉　祈《いのりたてまつり》候也」

日本の命運を託すと言うほど、福沢は馬場に期待していた。しかし、馬場を病魔が襲っただけでなく、同じく「民心の改革」を志しても、師弟はその気質が違っていた。福沢がいわば、〝平熱の思想家〟であったのに対し、馬場は平熱の思想家ではなかったのである。

萩原は前掲書で、馬場は「事実としての民衆と、観念としての民衆」の間、その乖離に悩んだ、と指摘する。そのため、ますます過激になっていったのだが、師は弟子ほどにはそれに頭を痛めなかった。あくまでも、事実は事実、観念は観念と割り切っていた。それが、「平熱の思想家」と名づけた所以だが、平熱を保ち続けるのはそれほど容易なことではない。

不羈独立を説いて官途につかず

ロンドンで馬場辰猪と親しくしていた小野梓や、馬場と同じ福沢門下の犬養毅、尾崎行雄、あるいは中上川彦次郎や小泉信吉などが明治政府に出仕して、福沢を「人民の気風を一洗して世の文明を進むるには、今の洋学者流にも亦《また》依頼する可《べか》らざるなり」と嘆かせたのに対し、ほとんど馬場のみが、いわゆる官途につかなかった。それはなぜだったか？

馬場と同郷でもあり、ロンドンでも交友があった片岡健吉に宛てた馬場の手紙にそれを知る手がかりがある。片岡は民権運動を進める土佐の立志社のリーダーだった。馬場は、「壮士」たちも「不羈《ふき》独立」の生活を支えるに足る知識と職業を身につける必要があると説いている。

「凡《すべ》テノ人ノ世ニ棲息スルハ、只其《ただその》務メヲ知リテ之《これ》ヲ勉ムルニアリテ、空手茫然トシテ貴重ノ光陰ヲ空過シ、或ハ又《また》只名利ニ奔走シテ動揺スベキ者ニ無レ之候。農ト云ヒ商ト云ヒ、各々其職トスル所ヲ務メ、其業トスル所ヲ励マザルベカラザルハ、是《これ》人間ノ通義ニシテ、若《も》シ然ラザレバ則チ天下ノ遊民ニシテ、殆ンド禽獣ト相伍《あいご》スルノ人ト申スベク候。故ニ人ヲシテ農ナリ商ナリ各々其欲スル所ニ随《したご》ウテ職業ニ就カシムルハ、実ニ人ヲシテ人タラシムルノ要道ト存候」

人間はすべて、その務めを知ってそれに励まなければならない。農業でも商業でも「其《その》欲スル所ニ随ウテ」職業に就かせるのが肝要であるといった意味だろう。手紙はこう続く。

「然ルニ人ヲシテ一業ニ就キ一事ヲ脩セシムルニハ、先《ま》ヅ学ニ就クヲ以《もっ》テ第一著トシ、又学ニ就クニハ其人着実厚志アルヲ以テ第一トシ、然ル後学校ニ於テ其人ヲ薫育スベキ事ト存候。然ルニ今日吾国ノ景況ヲ目撃スルニ、一学ヲ脩メ一芸ニ達スル者甚ダ尠《すくな》ク実ニ寥寥晨星ノ如ク、大抵皆卑屈ノ奴隷根性ニシテ、只管《ひたすら》ニ政府ノ官吏タランコトヲ欲シ、国家ノ公僕（ここでは、官吏ではなく、真面目に生業にいそしむ国民というほどの意味）タルヲ愧《はじ》トシ、些些《ささ》タル俸給ヲ仰ギ、只一日ノ安《やすき》ヲ貪リ、（中略）其憤リヲ干戈《かんか》ニ訴フル歟《か》、然ラザレバ無恥無辱ノ落魄者ト為テ止ムニ過ギズ候。嗚《あ》呼《あ》今日吾国斯《かく》ノ如《ごと》キノ有様ニシテ、斯ノ人民ニ向テ不羈独立ノ精神ヲ発揮スルコトヲ望ムハ、実ニ難キ事ニ候。故ニ今日草莽ニ伏在シテ、結社壮士ヲ牧宰スル人ハ、宜《よろ》シク此処ニ着目シ、人人ヲシテ一学ヲ脩メ、一芸ニ達セシメ、以テ不羈独立ノ人ト為リ、社会共同ノ公益ヲ経営スルノ人ニ至ラシムルコト肝要ト存候。依テハ今日立志社ニ於テモ、精神此辺ニ御注目有レ之、壮士ノ輩ヲシテ学業ヲ研究セシメ、不羈独立ノ士ト為リ、以テ人人皆社会公同ノ益ヲ計ルノ人ト相成候事、窃《ひそ》カニ希望仕候」

これはまさに福沢が説いた「独立自尊」だった。

師弟の違い

萩原延壽は『馬場辰猪』に、馬場が官途につかなかった動機も、師の福沢が『学問ノススメ』で「唯天下の人に私立の方向を知らしめんとするのみ」と述べ、「百回の説諭を費すは一回の実例を示すに若かず」と論じた態度に極めて近かったと書く。

「腕力の時代」から「弁舌の時代」へ変わる中で、スタートは師と同じく穏健だった馬場の主張と行動が政府との関係においてラディカルになっていく。萩原の指摘する如く、「この軌跡を辿ることは、同時に、馬場が、次第に旧師である福沢の立場から離反してゆく道筋を見ること」でもあった。あくまでも「平熱」を保つ師に対して、弟子の方は熱を高くせざるをえなかったのである。必要以上に民権運動を恐れる政府と、団結できない民権派に対する苛立ちがそれに拍車をかけた。

馬場は声高く説く。

「民権は汚瀆の穢物に非らず。又噪しきものにもあらず。又た火の如く怒るべきものにもあらず。実に国土真純の独立を維持する貴重の守護神明なるのみ。惟《おも》ふに、夫れ民権なるものの在りてこそ、国土を思ふこと我が身の如く、此邦土は我が邦土なり、此君主は我が君主なり、国法は我が国法なり、国辱は我が恥なり、国威は我が栄なりと、義気、中に盈《み》ちて国土の大任を負ひ、邦土の為めには財産生計は愚か我が身をも捐棄《えんき》して、曾《かつ》て顧慮することなきものは、実に民権の所為《しょい》に非らずして何ぞや」

福沢伝来の自由主義とナショナリズムの内面的結合を説く馬場の主張はイギリスで磨きをかけられ、次のように続く。

「予《わ》れ今まで因《ちなみ》に本邦民権の有様を顧みるに、或は不平者流の仮面となり、或は僥倖を冀《こいねが》ふものの弄《もてあそ》ぶ所と為りて、真偽殆《ほと》んど分別し難く、そのあさましきこと今まで筆言すべからざるものあり。然りと雖も、唯々其《ただただその》弊を厭ふのみにして終《つい》に之を正すをせず、徒《いたず》らに之を擯斥《ひんせき》屈辱せば、何日《いずれのひ》か能《よ》く民権を発達せしめん。故に其偽を去りて其真に就き、其弊を矯《た》めて其正に復し、能くその汚穢を洗除して純粋の民権たらしめ、以て大日本帝国の守護神たらしむるは、今日吾人の務むべき最大要事なるなり。而してその之を沐浴せしめ、純粋のものたらしむるの責は果して誰れか之を任ず。曰く、今日の学者是れなり。是に於て乎、学者の任益々《ますます》重し矣」

傍点は馬場の付したものだが、「其偽を去りて其真に就き」とか、「純粋のものたらしむる」に馬場の特徴がよく出ている。いわば、その純粋癖が馬場を追いつめた。実際の運動に手を染めなかった師の福沢との違いがここにある。馬場のように理念と現実に引き裂かれることは福沢にはなかったのである。

交詢社の設立

明治十二（一八七九）年五月、明治政府は各省の長官に次のような通達を送り、民権運動から官吏を切り離そうとした。

「凡《およ》ソ官吏タルモノ其職務ニ係ル外《ほか》政談講学ヲ目的トシテ公衆ヲ集メ講談演説ノ席ヲ開ク等不都合ノ儀ニ付《つき》右等ノ儀無之様《これなきよう》各長官ニ於テ取締可致《いたすべく》此旨相達候事」

会計検査院に出仕していた小野梓はこれに怒り、辞職を決意するも、友人たちにとどめられた。

こうした政府の圧政が馬場の行動を過激にしていく。思想としては、馬場は、「惑溺」を戒め、「極端主義」に陥る危険を警告してやまなかった師の福沢に極めて近かった。

だから、明治十三年一月二十五日に発会式を行った交詢社に主要なメンバーとして加わっている。「互ニ知識ヲ交換シ世務ヲ諮詢スル」ことを目的として設立された交詢社は福沢が中心的な存在であり、非政治的な立場を保つことに細心の注意を払っていた。

芝愛宕下の青松寺を会場にした発会式には約六百名が参加し、二十四名の常議員を選出した。獲得した票数順に何人かを挙げれば――

福沢諭吉、小幡篤次郎、西周《あまね》、矢野文雄、栗本鋤雲《じょうん》、箕作秋坪《みつくりしゅうへい》、菊池大麓、小泉信吉、馬場辰猪、石黒忠悳《ただのり》、中上川彦次郎、由利公正、朝吹英二、小野梓……

萩原延壽は『馬場辰猪』で、このメンバーに「一見して、旧幕臣、慶応義塾、三菱、そして、やがて生まれる大隈重信の改進党という四つの系列の交錯が、ただちにわたしたちの眼に入ってくる」と書いている。実際、この中から、のちに自由党に入っていくのは馬場の他に一名だけだった。

交詢社の非政治性は、政府がこの年の四月に集会条例を出し、翌年、「明治十四年の政変」といわれるものが起こって、福沢と政府の関係が緊張するにつれ、さらに強められる。

一方、普通会員として加わっていた政府側の井上馨や九鬼隆一、そして金子堅太郎などが次々に交詢社から離れた。政変で野に下り、改進党を組織した大隈重信と自由党の後藤象二郎が新たに常議員に選出されるのと対照的にである。

福沢は『交詢雑誌』で「本社ノ姓名録ヲ一見シテ恐怖スル者アリト云フ。人生ノ怯懦《きようだ》実ニ驚クニ堪ヘタリ」と揶揄したが、理由のない政府の恐怖は増すばかりだった。

発足当時の千七百六十七名の会員は、官吏や学者だけでなく、商業、農業、工業を営む者や府県会議員等、多岐にわたっていたが、「明治十四年の政変」で官吏が激減し、民間の経済人が中心となった。

そして現在は、実業家のクラブといった色彩が強い。

三酔人経綸問答

この章の章名の「洋学紳士」は、言うまでもなく中江兆民の『三酔人経綸問答』（桑原武夫他訳、岩波文庫）から取っている。

明治二十（一八八七）年に出版されたこの本は、洋学紳士と豪傑君、そして南海先生が酒を酌みかわしながら大いに語るという形式を採っているが、訳者の桑原が解説で指摘する如く、「三人がそれぞれ兆民の分身」と考えることもできるけれども、末尾に「洋学紳士は去りて北米に游《あそ》び、豪傑の客は上海に游べり」とあることでわかるように、洋学紳士が馬場辰猪をモデルとし、豪傑君が北一輝《いっき》を指すと見るのが自然だろう。桑原はさらに「南海先生流の時と場所の限界を自覚しつつ漸進しようとする態度は、福沢諭吉、吉野作造ら、一般に穏健進歩派を代表する」と付け加える。つまり、洋学紳士や豪傑君に対する南海先生という括り方では、福沢も中江も「南海先生」になってしまうのである。

ともあれ、『経綸問答』での、イギリスとフランスの対比がおもしろい。それは福沢と中江のコントラストでもあるが、結局、そのどちらにもなじめず、福沢の弟子の洋学紳士、馬場辰猪はフィラデルフィアに客死した。

「フランスはイギリスよりは少しおくれて自由の道にのぼった。しかし、ひととびに民主制にすすんだのは、本当に立派です。イギリス人は知的で、フランス人は情的です。イギリス人は沈着で、フランス人は激越です。イギリス人は一たび進歩の道にのぼると、もう迷うことはありません。フランス人は進むことも速いが、退くこともすみやかです」

訳文を引いたが、「イギリスは教科書で、フランスは脚本」というのも言い得て妙だろう。

問答のクライマックスで、豪傑君が語る。

「紳士君、紳士君、あなたは著述を楽しみとするがいい、私は戦争を楽しみとしたい」

それに対して、洋学紳士が、

「私はいまあなたと、国家の大方針を論じているのだ。個人的な楽しみを論じているのではありません」

と反駁するのを、南海先生が、マァマァと割って入って、こんな風に要約する。

「紳士君の説は、純粋で正しく、豪傑君の説は、豪放で卓抜だ。紳士君の説は、強い酒だ。眼がまい、頭がくらくらする。豪傑君の説は、劇薬だ。胃は裂け、腸は破れる。私はもう老人です。両君の説は、私の衰えた頭脳では、到底、理解し消化することはできない。どうか両君、それぞれ努力して、時期が来たら実際に試みていただきたい。私は見物させてもらいます」

また紳士君に、思想は種子で脳髄は畑だから、民主思想の種子を人々の脳髄の中にまいておけ、と勧めている。

東大総理、加藤弘之の転向

多分、福沢諭吉は弟子の馬場辰猪の思想が次のように過激になるのを痛ましい思いで見ていただろう。しかし、師はその道を歩きはしなかった。

萩原延壽は『馬場辰猪』で、「守旧家」がフランス革命の際にルイ十六世が処刑されたのを残酷だとする見方に対して、よく調べると、その責任はむしろルイ十六世の側にあるとして、「内乱の害は革命家の過《あやまち》にあらず」という馬場の論説を引く。

「路易《ルイ》の志たる、外国に遁走してオウスタリアの軍を率《ひ》き来りて自己の臣民を攻伐し、以て飽く迄も圧制主義を維持せんとするに在りたるなり。故に仏民の之れを誅せる亦《また》止むを得ざる者と云ふべし。然らば彼の如き惨澹たる革命を起し内乱を醸《かも》せしものは、圧制政府の過にして革命家の過にあらざること猶ほ火を視るが如きなり。嗚呼、今古人民にして平和を好まざる者あらざるなり、況《いわ》んや学あり識あり社会の改良を以て自から任ずる者をや。世の政治家たる者宜しく深く此に注目する所あり、人民をして平和手段の改革に向て其望を絶つに至らしむ莫《な》く、君主を使《し》て路易其人の如き禍害に罹《かか》らしむ勿《なか》れ、是れ余が希望に堪ざる所なり」

しかし、いくら馬場が「希望」しても、藩閥政府は「圧制主義」をやめなかった。自由民権運動を弱体化させるため、伊藤博文や井上馨が工作して、自由党総理の板垣退助を外遊させたほか、時の東京大学総理、加藤弘之を「転向」させたのである。

加藤は福沢と並ぶほどの啓蒙思想家だったが、いかなる政治権力も人間固有の権利としての自由と平等を奪うことはできないと主張した『真政大意』や『国体新論』を自ら「謬見妄説」と否定し、絶版にした。

そして『人権新説』に「進化主義ヲ以テ天賦人権主義ヲ駁撃スルハ、是実理ヲ以テ妄想ヲ駁撃スルナリ。之ヲ一撃ノ下ニ粉砕スル、何ノ難キコトカコレアラン」と書き、かつて信奉した天賦人権論を攻撃し始める。転向者の常とはいえ、哀れな「東大総理」の姿だった。官側のトップの思想家がこうして急転向したのに対して、在野のトップの福沢はその思想を貫いた。馬場から見れば物足りなかったとしても、それはそれなりに大変なことだったのである。

馬場は君権のイデオローグとなった加藤の『人権新説』を批判し、天賦人権論を「妄想」と決めつけているのは「一個ノ書生ニアラズ、隠者ニアラズ、又俗吏ニモアラズ。世人ノ目シテ通観達識ノ学士ト為シ、（中略）特選セラレテ大学ノ総理ニ任ゼラレタル加藤弘之君ナリ。

今君ノ如キ人ニシテ此著アリ。或ハ一時影響ヲ世間ニ及ボスコトナキヲ保《やすん》ズベカラズ」と反論した。

福沢の追弔詞

福沢諭吉は明治十九（一八八六）年九月十五日号の『時事新報』に「世界甚だ広し独立の士人不平を鳴らす勿れ」と題する論説を発表した。「官尊民卑の弊風は唯日本の社会を吹くのみにして、広き世界は則ち然らず」とし、この「弊風」を憎む「民間独立の士人」に向かって、広く世界を見つめ、「外国人と交際を親密にして、以て心身運動の別天地を開くの工風」が必要と説いたのである。萩原延壽が『馬場辰猪』に記す如く、その時、福沢の念頭には、おそらく、日本で煮詰まってアメリカに去った馬場のことがあったに違いない。

「外国上流の士君子を択《えらん》で之に交はれば、文学共に語る可し、政治共に談ず可し、商売共に営む可し、工業共に起す可し、共に道を論じ、共に風流を楽しみ、悠々凡俗の外に逍遥して世界文明の徳沢に浴し、心気流暢して日本国内一人の朋友なきも憂ふるに足らず」

馬場よ、そうあってくれと願うようなこの一文を書いた福沢は、在外生活に必要な費用の援助を惜しまないと馬場に申し出ていたともいわれる。

前々節で絵解きした中江兆民の『三酔人経綸問答』で、馬場がモデルの「洋学紳士」は次のように描かれる。その原文を引こう。

「冠履被服並《ならび》に洋装にて、鼻目俊爽に軀《く》幹《かん》頎《き》秀《しゅう》に挙止発越に言辞明弁にして、定《さだん》で是《こ》れ思想の閨中《けいちゅう》に生活し理義の空気を呼吸し、論理の直線に循《したご》ふて前往して実際迂曲《うきょく》の逕路《けいろ》に由《よ》ることを屑《いさぎよ》しとせざる一個の理学士」

フィラデルフィアに客死するまで、まさに馬場は「論理の直線」を激進し、「迂曲の逕路」を一切斥けた。そこに悲劇が生まれたが、その死まで含めて師の福沢も友の中江も馬場を愛惜せずにはいられなかった。

馬場の死を知った中江の弔辞は悲鳴としか言いようがない。

「君今逝けり。余は頑健にて後れたり。君と相談す可き事有りと思ひながら、未だ曾《かつ》て一たびも此相談す可き事に出逢はずして、君逝けり。君も亦余に相談す可き事も有りたらんに、君逝けり」

福沢の「追弔詞」も常になく高調子である。

「君は天下の人才にして其期する所も亦大なりと雖も、吾々が特に君に重きを置て忘るゝこと能はざる所のものは、其気風品格の高尚なるに在り。学者万巻の書を読み百物の理を講ずるも、平生一片の気品なき者は遂に賤丈夫たるを免かれず。君の如きは西洋文明学の知識に兼て其精神の真面目を得たる者と云ふ可し」

そして、「君の形体は既に逝くと雖も生前の気品は知人の忘れんとして忘るゝ能はざる所にして、百年の後尚ほ他の亀鑑たり。聊《いささ》か以て地下の霊を慰るに足る可し」と結ばれる。

私学出身の民権運動家

馬場辰猪が慶応義塾の門を叩いてから、およそ百年後に私は慶大法学部法律学科に入った。昭和三十八（一九六三）年に入学して四十二年に卒業したが、三年からのゼミナールの指導教授だった峯村光郎《てるお》にこう言って叱咤されたのが忘れられない。

「税金で勉強してる奴らに負けるな」

峯村は明治三十九（一九〇六）年、長野県に生まれ、慶応に学んで労働法や法哲学を専攻し、日本法哲学会理事長や公労委（公共企業体等労働委員会）会長を歴任した。

昭和四十九年四月十一日付の『朝日新聞』に、公労委会長当時の峯村が次のように取り上げられている。

「六時起床。ラジオ体操をして、ラジオの牧師の説教をきく。八時から四時間、書斎にこもって本を読む。東横線の日吉駅まで、きっちり十五分で歩く。慶大山岳部長を十五年した。六十七歳、足の運びは自在である。

役所の迎えの車は渋谷までと決めてある。民間の人間、私大教授の身で公用車を自宅までよぶのには、ためらいがある。ガソリンももったいない気がする。公労委の委員になって十八年、会長をうけて二年、ハンで押したような静かな朝が、ふだんはある。(中略)

交通ゼネストを前に、三公社五現業の調停申請が出された。四月恒例の、徹夜の作業を今週は覚悟している。神は眠るために夜をつくられた、と信ずるクリスチャンである。労使双方に今年もお願いしてはあるのだが、信仰は、なかなか通用しない」

法律が嫌いで仕方がなかった不肖の弟子の私は、この記事で初めて、峯村がクリスチャンであることを知ったが、かなり激しい性格の人で、ユーモアを含んだ辛辣な警句がしばしば口をついて出た。「税金で勉強してる」云々もそうである。

眉はあくまで濃く男性的風貌の峯村は、また、ラートブルフの『法哲学』をテキストにしてゼミ生をしぼった箱根の合宿で、ふと、「葛の花踏みしだかれて色あたらし。この山道を行きし人あり」という折口信夫《しのぶ》こと釈迢空《ちょうくう》の歌を口ずさむ一面ももっていた。

官学と私学（私はそれを官立と民立といいかえたいが）については、松永昌三の『福沢諭吉と中江兆民』にこんな記述がある。

「徴兵令改正による兵役免除・猶予の特典を官公立学校生徒に限る

規定は、露骨な私学私塾潰しである。私学出身者の中から民権運動に身を投じたり、反政府ジャーナリズムに参加する者が多いことを警戒した政府の強圧策であった」

明治十六（一八八三）年のこれによって慶応でも退塾する者が続出したらしい。

古びないテーマを抱える師・福沢

ここに慶大法学部峯村光郎ゼミ同期生の岸井成格《しげただ》（毎日新聞元論説委員長）と私の共著『政治原論』（毎日新聞社）がある。かなりの〝激突対談〟だが、岸井の他に、小泉純一郎、小沢一郎、浜四律敏子、そして嶌《しま》信彦が同じ昭和四十二年の慶大卒業生である。どこで知ったのか、『週刊宝島』がこの年の卒業アルバムを見つけだし、当時の写真と現在の写真を対比させて、コメントを求めてきた。嶌と岸井以外、私は学生時代の彼らを知らないが、二〇〇一年五月三十日号の同誌には、いささかならず頼りなげな学生服姿の小泉クンの顔とともに、二年留年した理由には答えられないという小泉事務所の発言が載っている。嶌と岸井は一緒に毎日新聞に入ったが、「今やテレビの政治報道に欠かせない人物」と書かれている岸井のそのアルバムでの無邪気な笑顔には驚いた。私の写真には「激辛評論家の風貌は昔から変わらず」と付記され、少し苦虫を噛みつぶした感じの顔になっているが、それにしても、岸井のように白い歯を見せている者はいない。しかし、それが岸井の〝永遠の好青年（もしくは好少年）〟たるゆえんなのだろう。権力の只中にいてそれを取材する政治記者でありながら、岸井自身からは権力欲といったものはほとんど感じられないのである。それが福沢諭吉の影響なのかは知らないが、この『政治原論』で岸井は、こう告白している。

「俺は中学、高校の時分は福沢教だからね。慶応に入ったんだから福沢諭吉ぐらいは知らないといかんというので、仲間を集めて福沢研究会をつくったり、中学の時は毎月墓参りをしていた」

そして、(慶応)高校の機関紙では、毎月、福沢語録を選んで連載していたという。岸井の福沢論を続ける。

「俺の中にも、福沢諭吉についての再評価論と、ある面では否定論と、両方あるんだ。しかし何よりもあの時代に〝怪力乱神を語らず〟

と言って、西洋文明を取り入れるために合理主義に徹したことね。そして国民の意識革命みたいなことを率先してやったという先見性。『西洋事情』にしても『学問ノス丶メ』にしても、あのころのベストセラーだからね。日本の近代化の、間違いなく旗頭の一人だよ。

一方で、福沢は途中からかなりナショナリスティックになる。日清、日露戦争の勝利を非常に喜ぶんだ。それは彼の中では独立ということと分かちがたく結びついていたんだよね。〝一身の独立なくして一国の独立なし〟ということをずっと彼は言い続けてきたわけだから。近代化とナショナリズムという、そこの部分をいま再検証する必要がある。逆に言えばいまだに古びないテーマを抱えている人だよね」

小泉信三と野呂栄太郎

岸井との対談『政治原論』で、私は福沢諭吉について、こう振り返っている。

「私は選んで慶応に入ったという意識が弱くて、迷い込んだみたいなところがあるから、大学時代は反発してほとんど福沢諭吉を読まなかった。ただ、大学では福沢諭吉だけが〝先生〟で教授も〝君〟づけだというあり方は、まあ擬似的なものにせよ、民主主義というものをここまで徹底してやるのかという驚きはあったよね。それと、在野という精神の大切さを植えつけられた気がする」

とはいえ、『福翁自伝』は読んだ。お稲荷さんの神体を確かめる話は印象に残ったし、そこまでの実証精神にはびっくりした。

「それから丸山眞男が、自分を重ねるようにして福沢を語るでしょう。だから、丸山を通じての福沢みたいな感じが私にはあって、いまむしろ、もう一回読み直してみようと思っている。脱亜論なんかの微妙な問題も含めて、岸井の言うように、いまだにアクチュアルな人物だと思うよ」

岸井は、とにかく福沢のことが知りたくて、慶応の中学生のころ、直接福沢の謦咳《けいがい》に接した小泉信三の自宅へ押しかけたりもした。

「驚いたのは、あの大先生が自分で紅茶をいれてクッキーを持ってきてくれるんだ。実に対等なつき合いの仕方をするんだよ。俺は高校で生徒会長になって、連続講演会というのを始めたんだけれども、その第一回は信三先生に来ていただいた。俺だけ話を聞いているのがもったいないと思ってさ。そうしたら高校の先生たちがみんな嘆いてな。ふだんの悪ガキたちが、小泉先生だとなんでみんな静かに最後まで話を聴いているんだ、とね」

当時、私は福沢はもちろん『福沢諭吉』（岩波新書）の著者、小泉信三にも反発していたので、その講演等を聴きに行くことはなかった。

「いま考えると惜しいことをしたね。小泉信三は『共産主義批判の常識』を書くわけだけれども、一方では思想弾圧を受けて官憲に追われていた野呂栄太郎に便宜をはからうでしょう」

すると岸井が、

「たしか、野呂が卒論の『日本資本主義発達史』を書き上げるあいだ、自宅に匿《かく》まったんだな」

と応じた。ある意味で危険な過激思想の持ち主となった馬場辰猪を福沢諭吉が心配しつづけたと同じように、父の信吉と共に親子二代の福沢の門下生である小泉信三は野呂をかばいつづけたのである。

「拝金宗」を裏返せば……

早稲田大学の教授として石橋湛山に影響を与えた田中王堂という哲学者がいる。若くしてアメリカに渡った王堂は、シカゴ大学でジョン・デューイに学び、福沢諭吉や二宮尊徳の思想に日本的プラグマティズムを見出した。

「軽重・長短・善悪・是非等の字は相対したる考えより生じたるも

のなり」（『文明論之概略』）という福沢に、ものごとを相対的、機能的に捉えるプラグマティックな思考法を見、また、「善悪の論甚だむづかし。本来を論ずれば善もなし悪もなし、善といって分つ故に悪と云物出来るなり、元人身の私より成れる物にて人道上のものなり、故に人なければ善悪なし」（『二宮翁夜話』）という尊徳の、善悪についての相対主義的認識を賞賛したのである。

「もし今日の私の物の考え方になにがしかの特徴があるとすれば、主としてそれは王堂哲学の賜物であるといって過言ではない」と湛山は回想しているが、王堂哲学の根幹は実用主義とか経験主義とか訳されるプラグマティズムだった。

しかし、ドイツ観念論が主流の日本では、王堂は傍流に追いやられる。カントやヘーゲルを学ばずして哲学者と言うなかれといった風潮の中で、王堂は「理論は大貨幣にして実行は小貨幣であり、小貨幣にくずせない理論はニセ札にすぎぬ」と主張して講壇哲学者に論争を挑んだが、マルクスをも含むドイツ哲学の滔々《とうとう》たる流れの前に、英米系の経験主義哲学は退潮を余儀なくされ、王堂は、井上哲次郎ら日本の代表的哲学者を目して、

「世人が彼らを思想家としてゐる間は思想家としての私の本質は到底解りません。何時この価値の転換は来るのでせうか」

と嘆かざるをえなかった。

内村鑑三の有名な福沢批判は、「大貨幣の理論」からの「小貨幣にくずせる理論」への批判の変形のようにも思える。福沢によって「拝

金宗は恥かしからざる宗教となれり」と攻撃の矢を放った内村は「徳義は利益の方便としてのみ貴重なるに至れり。武士根性《さむらい》は、善となく悪となく、悉く愚弄排斥せられたり」と続け、「薩長政府の害毒は、一革命を以て洗滌し去るを得ん。福沢翁の流布せし害毒に至りては、精神的大革命を施すに非ずんば日本人の心底より排除し能わざらむ」と断罪した。『馬場辰猪』の著者、萩原延壽が指摘するように「これは批判というよりも、むしろ誤解にもとづく攻撃」とも言える。しかし、「小貨幣にくずせない理論」であったが故に、馬場は過激になりすぎて挫折し、逆に師の福沢の思想は広がりを持った。「拝金宗」という批判は裏返せば、経済=暮らしを考えていたということであり、馬場にはそれが欠けていたのである。

正宗白鳥の福沢評

「凡そ世の中に何が怖いと云ても、暗殺は別にして、借金ぐらゐ怖いものはない」

これは『福翁自伝』の一節である。明治三十二（一八九九）年に出たこの『自伝』を昭和十（一九三五）年に読んで感服した作家がいた。狷介で知られた正宗白鳥である。正宗は最初にこれを英訳で読み、その新鮮さに驚いた。そして、こう書く。

「明治初期に実世間に活躍した人、識者と呼ばれた人々の言行録、感想録などを読むと、大抵はどれにも時代相応の古さを覚えるのを例としてゐるが、福沢翁の行動言説感想には、阿呆らしく思はれるところが割合に尠《すくな》い。旧習を脱却して直ちに事物の真相を見てゐる点では、世にも稀なる人であったと、私は今になって感じてゐる」

萩原延壽が指摘するように、それまでは正宗も福沢を「俗物」視していたのだろう。それだけに感銘も深かった。正宗は続ける。

「福沢の執筆の際の態度は、論語に謂《い》ふ所の『辞達而已矣』であったと思はれる。言語文章は自分の云いたいことが他人に分ればそれで充分だと、孔夫子が道破されたので、支那でも日本でも、後世の文章家の多くが、作文の態度としてその格言を守ってゐるやうな顔をしてゐた」

しかし、「辞達するのみ」で満足できないのが人間である。それで、さまざまに化粧をしたがるものだが、福沢にはほとんどその欲望がなかった。爵位や勲章に興味がなかったのと同じく、文章を飾ろうとはしなかったのである。

さらに正宗は、勝海舟や中江兆民と比較して、こう続ける。

「大衆を念頭に置いて書かれたので、凡庸何の気もなき書きぶりであるが、『文明論之概略』『学問ノススメ』『瘠我慢の説』などを読むと、歴史の洞察、活人生の批判に天品のきらめきが見られ、平坦素朴な文字の間に飄逸な雅致が感ぜられるのは不思議である。卑近な文明の輸入といふ任務を当時の天職としてゐたため、どれも〳〵不完全であり間に合せみたいであるが、専念に、歴史でも哲学でも研究してゐたなら、その方面で大をなしてゐた人であらうと察せられる。一面独創力のなさゝうな、またその必要もなさゝうな、初期の彼の著書に、独創の光を私は認める。『海舟座談』や『一年有半』の如き、その話者筆者は脱俗飄逸で非凡の人物であったのであらうが、それ等の著書に私は何等独創の見解を認め得なかった」

師の福沢と違って、馬場は達意の文章を持たなかった。それ故に大衆から孤立し、過激になっていったとも言える。福沢は、いわば文章に於いて革命を起こしたのである。

第六章　北里柴三郎を助ける

「適塾」の同門、長与専斎

明治二十五（一八九二）年の秋のある日、長与専斎は東京・三田の福沢諭吉邸を訪ねた。長与と福沢は、緒方洪庵の「適塾」の同門で、福沢の方が三歳ほど年上である。

五十七歳になった福沢はすでに声名高く、五十四歳の長与も、前年に内務省の衛生局長を辞したばかりだった。

山崎光夫の『北里柴三郎』（中公文庫）によれば、長与が、

「今日はちょっと相談があってやってきた」

と口火を切る。

「ほう、それは珍しい」

と福沢が応ずると、長与は、

「きみは北里柴三郎を知っているな」

と尋ねた。

「ああ、細菌学者だ。活躍ぶりはきいている。確か、きみが局長時代に留学したのだろう」

と福沢が答えると、長与は、

「そうなんだ。そればかりではない。わたしが医学校の校長をしているとき、かれは本科生で入ってきた」

と続けた。

その北里が「家でくすぶっている」というのである。

「世界に知られたコッホの下で研究してきた細菌学者だろう。それを放っておくのはじつにもったいない話だ。国家の損失でもある」

義憤にかられて福沢は、「国の恥だ」とも口走る。どうして、そんなことになったのか、長与が語る。

「北里の知識や研究を生かす研究の場がない。それと、東京帝大医学部の教授たちに冷たくあしらわれている」

慶応義塾という私学の経営で辛酸をなめている福沢は、

「帝大の教授連というのは、とかく閉鎖的で傲慢なものだ」

と吐き棄てた。

私学の存在そのものを軽視している文部省や帝国大学の干渉は陰湿極まるものだったからである。

なぜ、東京帝大出身の北里が東京帝大で冷たくされるようになったかについては後述するが、北里はコッホがベルリンに建てたような伝染病の研究所を日本につくりたいと考え、内務省の当時の衛生局長の後藤新平をはじめ、長与たちが動いて、北里を所長にして伝染病の研究所をつくるという案がまとまったが、これに文部省が待ったをかける。文部省は東京帝大内にこそ伝染病研究室を新設すべきだと主張した。そこに北里の名前はない。

あくまでも北里憎しとする東京帝大の動きが、内務省と文部省の対立を背景に、猛然と起こってきたのである。

学事の推輓は余が道楽

歯に衣着せぬ物言いで東京帝大から冷遇され、研究の場もなくしている北里柴三郎を、福沢諭吉はそのままにしておけないと考えた。緒方洪庵の「適塾」の同門生、長与専斎によれば、北里にはアメリカから好条件で研究所の所長にという誘いもきているらしい。

それで、とにかく会ってみたいと、長与と北里を自邸に招いた。その時の様子を山崎光夫は『北里柴三郎』に次のように描く。子どものころから、天然痘、腸チフス、そして発疹チフスなどを経験した福沢は、北里に会うなり、

「伝染病をいかに予防し、撲滅するか。そこに、この国の将来がかか

っているといっても過言ではない」

と力説した。その卓見に感心しつつ、

「伝染病との闘いはこれからだと思います」

と北里は答え、続けて『学問ノススメ』の次の一節を朗唱した。

「人の一身も一国も、天の道理に基づいて不羈自由なるものなれば、もし此の一国の自由を妨げんとする者あらば世界万国を敵とするも恐るゝに足らず」

東京帝大の教授たちとの争いも、ここに起因していた。

「学問は国の礎《いしずえ》だ。それには自由でなければならない」と持論を展開する福沢に、北里も、こう応じた。

「学問の自由が阻害されては学問の進歩と発展は望めません」

三十九歳の北里の若々しい情熱に福沢は感じ入った。それで、

「ついては、できるだけのことをしたい。学者を助けるのはわたしの道楽だ」

と言い、学者＝酒飲み論を披露する。

「酒飲みは黙っていても我慢できずに飲む。学者も学を好んで、放っておいても研究に励む。だが、いまの北里くんは気の毒だ。学ぼうにも、その場所がない」

そして、芝御成門近くの土地約千坪の借地を提供しようと申し出る。そこに研究所を建てればいい。

建物や器材はどうするか。福沢は親しかった実業家の森村市左衛門に頼もうという。森村も快くこれに応じ、突貫工事で建設が進められ、

伝染病研究所が開設された。

いま、松下電器産業（現・パナソニック）東京支社が建っている敷地の一角に「傳染病研究所発祥の地」という碑がある。平成四年秋に、創立百周年を記念して、東大医科学研究所と社団法人北里研究所との連名で建立されたものである。

伝染病研究所の運営について、長与専斎が福沢に大日本私立衛生会から借地代が出るよう動いたが、福沢はあくまで無償提供を貫いた。「学事の推輓《すいばん》は余が道楽の一つ」だからである。

東大一派の北里イジメ

土屋雅春著『医者のみた福澤諭吉』（中公新書）の第五章「官学対

私学」は「北里柴三郎と福澤諭吉」という節から始まるが、そこにこう書いてある。

「北里帰朝のわずか半年後に、日本初の伝染病研究所が福澤諭吉という一個人によって開設され、スタートした。そしてこの年から、九年間にわたる諭吉と北里との師弟の厚誼が始まった。諭吉五七歳、北里四〇歳のときのことである」

つまり、諭吉の死まで厚誼が続いたということだが、諭吉が亡くなった明治三十四（一九〇一）年、北里のジフテリア、破傷風などの免疫血清療法は第一回ノーベル医学賞の対象となった。しかし、前掲書によれば「このとき東大一派の反対で受賞者の中に北里柴三郎の名前はなかった」。この事実は『医学を変えた発見の物語』に明記されているという。

では、なぜ、北里はそれほどまでに「東大一派」から嫌われることになったのか。

このころ、日本の医学界では脚気が大きな問題となっていたが、「東大一派」の緒方正規が脚気の原因は脚気菌であるという論文を発表した。熊本医学校では同じくマンスフェルトに教えを受けた北里と緒方は、緒方が三年早く東大医学校に入ったため、内務省衛生局では北里を指導する立場になった。

その緒方が明らかな誤りを主張している。ドイツにいた北里は悩みながらも、まずドイツの医学専門誌に反論を掲載し、その後、「緒方氏ノ脚気『バチルレン』説を読む」と題して、『日本官報』で批判した。明治十八（一八八五）年から十九年にかけてのことである。

山崎光夫が『北里柴三郎』に記す如く、緒方の実験は「誤迷ノ甚シキ者ト謂ハザル可カラズ」と、北里の筆鋒は峻烈だった。

これに対し、民権論者から国権論者に大転向した東京大学総理の加藤弘之が北里の批判は「師弟の道を解せざる者」と酷評する。さらに、森鷗外こと森林太郎も二の矢を放った。

「脚気菌ノ問題世間ニ囂《かまびす》シカリシ程ニ伯林《ベルリン》ニ客タル友人北里柴三郎ハ先輩タル緒方博士ニ対シテ憚ルサマモナクオノガ意見ヲ述ベシヲ恩少シトモ云ヒ徳ニ負ケリトモ云フ人アレド、コハ必ズシモ然ラズ北里ハ識ヲ重ンゼントスル余リニ果テハ情ヲ忘レシノミ」

「先輩」の論は、たとえ誤っていても批判してはダメなのか。ここでは、どちらが正しいのかは問題になっていない。「識ヲ重ンゼントスル余リニ果テハ情ヲ忘レシ」ことが攻撃されている。

森にはベルリン残留について世話になった北里だが、黙っているわけにはいかなかった。「昨日の友は今日の敵」である。北里は森宛てに公開の反論を書く。

国手ならざる森林太郎

明治二十二（一八八九）年八月五日付で『東京医事新誌』第五九九号に載った北里の反論、「与　森林太郎　書」を引こう。

「貴説に由れば生（北里自身のこと）は識を重ぜんとする余りに果ては情を忘れたりとの事に候。成程御説は一応御尤もの様に候へ共こは未だ生の深意を御洞察被成たりと云ふ訳に到り兼候。生は情を忘れたるものに非ず私情を制したるものなり。左に愚見を陳述可致す候。情に二様あり。一つを公情となし一つを私情とす。或る場合に於ては公情以て私情を制せねばならぬことあり」

自分は情を忘れたのではない。公情によって私情を制したのだと主張したのである。

「学事の為めには忍び能はざるの私情をも之を制し公平無私の情を以て之が研究に従事するに非ざれば終に其真理を究むること能はざるに至るの恐あり」

この公開書簡は「柴三郎拝。森林太郎　足下」と結ばれているが、狭い学閥にとらわれない北里の一連の批判が、東大一派の陰湿で執拗な厭がらせを招くことになった。

しかし、まさに学問の発展とそれに必要な自由への北里の烈々たる情熱が福沢を動かしたのである。その情熱を北里はローベルト・コッホに学んだ。『北里柴三郎』に師のコッホと北里のこんな会話がある。

「北里くん、わたしはこの頃、何のために細菌学を学ぶのかを考えることがある」

そう切り出したコッホは、

「杖になればいいと思うようになった」

と続けた。

「杖、ですか」

と首をひねる北里に、コッホは、

「そう、杖だ。バクテリウム（細菌）の意味はどこからきているか知っているね」

と尋ね、ギリシャ語の短い杖からきていると聞いたと北里が答えると、

「そうだ。短い杖だ。もちろん、形状からきているのだが、杖は国民のための杖ではないかと思うこの頃だ」

と言い、病気で倒れないようにするための杖であり、健康を維持するための杖だと、コッホは説いた。

日本では名医を国手《こくしゅ》と表現する。まさに杖ということだが、残念ながら、国を代表する当時の東京帝国大学に国手はいなかった。国手を追い出す者のみがいたのである。

伝染病研究所の始末

福沢諭吉の支援により芝公園内に設立された北里柴三郎の伝染病研究所だったが、どうしても狭い。それで、大日本私立衛生会の長与専斎は東京府（当時）に働きかけて、芝愛宕町の内務省用地の貸し下げを願い出る。

ところが、文部省はまた別の動きをする。それを斥け、建設が決まった明治二十六（一八九三）年春、地元の住民から建設反対運動が持ち上がった。芝公園の研究所に石が投げ込まれたり、壮士風の男たちが押しかけてきたりする。北里は怯まず、それに応対した。

伝染病研究所は黴菌をまきちらすと主張する彼らに、ベルリンでも住宅地に隣接して建っているし、安全だと説明するのだが、聞き入れる様子はなかった。

伊藤博文の女婿の末松謙澄や東京帝大前総長の渡辺洪基まで反対の列に加わって、おさまる気配がない。北里への脅迫状と似たそれが福沢の下にも届いた。

「福沢老爺、砲撃シ、手足ヲ異ニシ」

福沢と北里を同時刻に砲撃して、手足を異にするというのである。

そうした動きに対して、福沢は策を講じ、北里に伝研の所長を辞任せよと勧めた。そうすれば優れた人材を惜しむ声が沸き起こり、北里への同情も寄せられて反対運動はしずまるはずと福沢は読んだ。

そして、北里が『時事新報』に寄せた陳情書を福沢は自ら筆を執った同年八月十一日、十二日付の「伝染病研究所の始末」と題した社説で紹介する。

『北里柴三郎』によれば、「研究者の心情を切々と訴えるこの陳情書は名文として」「反対運動を鎮静させるほどの文章力を持っていた」という。後年、これは北里を慮る福沢の筆になるものと明らかにされた。その一部を引こう。

「黴菌学者の如きは、眼中人もなく物もなく、純然たる出世間脱俗の境遇にして始めて能く事を成すべきものなるに、然るに過般以来伝染病研究所の事情を察するに、芝区民の苦情と云ひ、有志者の運動と云ひ、世上の風聞に喋々《ちょうちょう》囂々《ごうごう》たれば、本会の集会議席に参座するは無論、或は区内有志者の訪問に逢ひ、或は会員其他知己朋友の来るあり、其疑問に向ては弁ぜざるを得ず、其懇談には答へざるを得ず、人の出入、文書の往復、其煩はしきこと殆ど名状す可らずして、事は則ち都《すべ》て俗用ならざるはなし」

しかし、何よりも福沢が芝愛宕町の建設が予定されている研究所の隣に次男の捨次郎の住居を新築したことが決め手となったのではないか。これで反対する人たちの口を封じたのである。「東大の鬼子」とレッテルを貼られた北里を福沢はこのように擁護した。

傲慢なる文豪

大岡昇平は『歴史小説論』（岩波書店）で「文豪鷗外の学識と文才に私は尊敬を失ってはいないのであるが、人は比類のない才能をもって、最も下らない政治に奉仕することがある」と、森林太郎を痛烈に批判している。

明治二十五（一八九二）年春に北里柴三郎がドイツ留学から帰り、〝日本のコッホ〟と呼ばれると、翌年、森は『衛生療病志』という雑誌に、次のような嫉視に満ちた評論を載せた。

「北里柴三郎氏は一個の学者なり。余儕の中には親交ありて、頗《すこぶ》る其人となりを審《つまびらか》にしたるものあり。而して北里氏が世俗にさへ認められたる業績の外に、猶許多の学者たる資格を備へたるを疑はず。北里氏は独逸の名誉教授になりたり。こは我国人の欧州の名誉教授になりたる権輿なり。北里氏は其学業によりて、我国の勲記を得たり。こは我国の政府が学業によりて、人に勲記を授けたる権輿なり。夫れ名誉教授と云ひ、勲三等と云ふ」

「然りと雖、世間の北里氏の事を言ふものには、二つの笑ふべき人種あり。其一は或る政治家及新聞記者にして、口を開くごとに日本未曾有の学者と云ひ、又日本のコッホと云ふ」

「第二の笑ふべき人種をば、今の医中の老策士となす。老策士は近年学者のためにおのがをり〳〵非学問的動作をなしたるを訐発《けっぱつ》せられて、頗る沮色《そしょく》ありけるに、偶々北里氏の帰れるに逢ひて、忽ちこれを迎へて親友と喚び做し、これが声名のために斡旋し、これを藉りて或る学問的『インスチッチオン』(機関)を攻撃する具となし、我国の名誉ある使者となりて独逸に遊びし或る人々に玄関ばらひ(東大からドイツに派遣された三人の学者をコッホが、すでに北里がいるから必要ないと言って追い返したことをいう）などゝいふ汚名を被せ、人に向ひては今こそ我党に北里氏あれ、他の少壮学者能く何事をか為さんと威張りたり」

長々と引用したのは、前掲『医者のみた福澤諭吉』の著者、土屋雅春が喝破した如く、この「驚くべき傲慢さ」に満ちた文章が「文人としていかに立派でも、その人の汚い心が読み取れる大変な記録といえる」からである。森が当てこする「老策士」の中には、長与専斎らだけでなく、福沢諭吉が入っていることは言うまでもない。

脚気はビタミンB1の欠乏から起こると鈴木梅太郎が主張すると、森と共に最後までそれに反対していた東京帝大医科大学長の青山胤通は、こんな暴言を吐いたという。

「土百姓学者が何を言う。糠が脚気の薬になるなら、馬の小便でも効くだろう」

森林太郎の暴論

のちに対立を激化させる北里柴三郎と青山胤通は、明治二十七（一八九四）年春、共に香港へペスト病（黒死病）の研究のために派遣された。北里は内務省からで、青山は東大からだった。

そこで北里はペスト菌を発見して注目され、青山は死体の解剖をやって自らペスト菌に罹患してしまう。

青山を現地で看病して一足早く夏に帰国した北里の歓迎会が慶応系の交詢社で企画されたが、東大側からは「北里・青山両博士歓迎会」

とすべきだという意見が出て、まとまらなかった。

それを福沢が説得し、両博士歓迎会とすることになる。しかし、実際に北里より遅れて青山が帰国すると、東大側が北里を歓迎会に招待しないと騒ぎだす。

『医者のみた福澤諭吉』に引かれている東大生、下瀬謙太郎の証言によって、その間の事情をみてみよう。

北里を招かないという動きに学生が反発する。

「ペスト研究の臨床方面・病理方面は青山先生の功績であるが、病原菌発見という北里先生の偉大なる功績を見逃すことは出来ない。だから、歓迎も青山先生だけでは物足りない。是非とも北里先生を加えなければならぬ」

こうした声が学生の間で盛んになり、各級から選ばれた委員がこのことを決議してしまう。しかし、教授たちは納得しない。

「医科大学（東大のこと）で催す歓迎会に北里を入れる必要はない」

「北里氏が出席すれば教授は一人も出ない」

こんな頑な主張を繰り返す教授が少なくなかった。下瀬は他の委員と共に各教授を一人残らず訪ね、懇切丁寧に説いて、ようやく北里を加えた歓迎会ができることになった。

まさに「負うた子に瀬を教えられ」だろう。誰からもチェックされることのない教師や医者は幼児のような我儘者が多くなるというが、医者にして教師の教授たちの頑迷さは比類ないものだったに違いない。下瀬たちの苦労のいかに大きかったかを思うばかりである。

箸にも棒にもかからない暴論を堂々と公にしたのは森林太郎だった。

森は、ある論文で北里を次のように書いた。

「北里の香港から捕へて帰つた菌が贋物で、仏蘭西《フランス》のエルザンが見出した菌が本ものであつたといふ事は、欧羅巴《ヨーロッパ》ではとつくに知れて居る。それがこつちでまだ問題になつて居たのは、衛生局や何かゞ政府の威光を以て北里を掩護《えんご》して居たのである」

北里の発見したペスト菌がニセモノだと森は言っているわけだが、臆面もなく、そう主張する森自身がニセモノだということだろう。まさに森につけるクスリはない。

君子の争い

〝雷《ドンネル》〟さんと呼ばれたほどカミナリ親父ぶりを発揮した北里柴三郎だが、なんと論敵の緒方正規の「教授在職二十五年祝賀会」に出席して緒方を称えるような、恬淡《てんたん》とした一面も持っていた。

砂川幸雄著『北里柴三郎の生涯』（NTT出版）が記す如く、たしかに北里は緒方の弟子だったが、いろいろ経緯もあり、何よりも今ではその存在が大き過ぎる。しかし、主催者側の世話役が北里に打診してみると、緒方の門下生であることには何の抵抗も感じていないとのことだった。

それで、友人総代の小池正直と共に門下生総代の北里が祝辞を述べた。明治四十三（一九一〇）年四月十六日のことである。北里は率直に論争にも触れる。

「時にあるいは学術上におきまして、先生と意見の衝突を来たしたこともございます。そうして先生の尊厳を冒し奉った時もございます。しかしこれは学術上の争いで正々堂々たる、いわゆる君子の争いでございますから、その間に一点の私心をだもはさまぬということは、雅量海のごとき緒方先生のつとにご了承あらせらるることと思います」

「雅量海のごとき」は、むしろ、出席して緒方をこう称える北里にこそふさわしい形容だろう。北里の祝辞は続く。

「学術研究の何物たるを解せず、従って定見なく、いたずらに他人の説に雷同付和する軽佻浮薄の輩、もしくは表面服従しておるごとく粧《よそお》い、裏面においてはその事業を悪口雑言に罵詈するがごとき者、総じていわゆる曲学阿世の徒においては、決してかくのごとき趣味をうかがい知るものではございませぬと、私は考えます。それで、あるいは先生に向かっても反対の意見を申し述ぶるということもございます次第でありますけれども（中略）このことは折りがあったならば、緒方先生に一度申しあげてお詫び申そうと思ったことでございます。今日のこの機会が最も適当と思いますから、このことを謹んで申しあげます」

緒方の後に東京帝国大学医科大学長に就任したのが青山胤通だった。「文部省・東京帝大」Vs「内務省・伝染病研究所」という図式の中で、北里と対立することになった青山でさえ、どうしても北里の伝染病研究所に行きたいという北島多一に北里は孤立状態で研究所も将来どうなるかわからないから大学に残れと一度は引き留めたが、北島の決心が固いと見るや、こう言ったという。

「じゃあ仕方がない。でも俺は決して北里と仲が悪くはないのだ。北里君はさっぱりした人間だしね。ところが対立してしまうと、もう仕様がないのだ」

伝研官立化の話起こる

福沢の援助によって伝染病研究所が建てられて一年、明治二十六（一八九三）年の秋に、やはり福沢が助けて芝白金三光町に結核病患者のための日本初のサナトリウムが開設される。

『医者のみた福澤諭吉』によれば、福沢はこれを土筆《つくし》ヶ岡養生園と名づけた。ここは福沢が好んだ狸蕎麦に隣接する土地で、現在の北里研究所や慶応幼稚舎のある天現寺のあたりである。いまも北里研究所の前は狸通りというらしい。かつては天現寺の対岸を土筆ヶ原と呼んでいた。おそらく、そこからの命名だろう。

福沢が養生園を開設したのは、学問や研究をするためには財政的裏づけが必要であり、ここからの収入が北里柴三郎を助けることがあると考えてのことだった。

まもなく、それが当たることになる。伝染病研究所を内務省から文部省へ所管替えをしようとする動きが出てきたからである。北里はずしだった。もちろん、それを露骨には言わない。国立という官立化の話だけを、まず先に出してきた。

山崎光夫の『北里柴三郎』にその報告に来た北里と福沢がこんな遣り取りをする場面がある。

「水をさすつもりは毛頭ないが、一言いいたいのは政府というものをわたしはあまり信用していないということだ。風の吹き具合で方針が変わる」

福沢が政府への不信感を露わにし、君を辞めさせたりはしないだろうな、と心配すると、北里はそれを否定した。しかし、明確な根拠はなかった。

「今までは私立で運用してきたから自由裁量だった。だが、今度は国が主宰する」

「わたしの地位や権限は不動です。少なくとも、わたしが生きているうちは」

「そうかな。安心はできない。辞めさせられた、そのときはどうする」

「考えていません」

「政府というのは、北里くん、分限を超えて暴政を行なうことがある。これには抵抗しなければならないし、終始、監視を怠ってはならない」

「貴重なご助言として拝聴しておきます」

福沢は北里の免職の可能性について、それはないのかと後藤新平にも確認した。

後藤は、

「そんなことは決してあるまいと思われます。伝研の今日あるのは、先生と森村（市左衛門）さんの尽力によるものでして、政府は頼み込んで自分のほうに取るのであります。国立、私立は研究所の言葉使いだけの話です。北里博士を追いやるなどとは決してあり得る話ではありません」

と一笑に付したが、「あり得る話」となった。

生きた福沢の配慮

福沢の心配は現実のものとなり、伝染病研究所を文部省の所管に移して、私立ならぬ民立から国立とする計画が強行された。

前掲の砂川幸雄著『北里柴三郎の生涯』によると、相談に行った北里柴三郎に後藤新平は、

「どこにいたって君の仕事にちっとも影響はないだろう。命令通りに文部省に行けばいいいじゃないか」

と能天気な答えをする。

苦労した自分に何の相談もなく決めるなんて屈辱だと憤慨する北里に、後藤は、

「そんなこと言っても、今のような立派な研究所をつくるには大金が要るよ」

と反論するが、北里は、

「研究所をつくるときに、福沢先生は、日本の政府は時によって無

茶なことをする。役人が替わったりするると何をするかわからないから、いつでも独立できるように資本なりお金なりを用意しておけ。君は経済のことには無頓着だから、そういうことに堪能な人を推薦しようと言われて、田端重晟《しげあき》という人をつけて下さった。福沢先生のところに終始出入りし、秘書も長く務めて先生の書と言われるものにはこの人が書いたものが多いとまで噂されたほどで、慶応義塾の食堂にあった〈独立自尊〉という大きな額も、その田端君の書だということだ。この人が今養生園の事務長をしているわけだが、その田端君のことだから養生園として三〜四〇万円は貯蓄してあるはずだ。それを使えばちょっとした研究所はできる。俺は俺の金で新しく研究所を建てようと思うんだ」

と覚悟を披露し、後藤は、

「そうか。それなら君の好きなようにして私立の研究所を建てたらいい」

と賛成した。

帰ってから北里が田端に事の次第を話すと、田端は、

「先生がお話しのとおり、三〇万円か四〇万円のお金ならどうにかなりますからご心配は要りません」

と、請け合う。それを聞いた伝染病研究所の北島多一らはすぐに賛成し、養生園の裏手の沼地に新研究所を建てることになる。

この移管問題は伝研所管の内務省の高官たちも知らないところで進められていた。北里は北島に自分の推測をこう語ったという。

「今度の移管問題は、大隈（重信。当時の首相）と仲のいい青山（胤通、東大教授）から出ている。それと内閣書記官長の江木翼《たすく》たちの説を大隈が採り上げたわけだ。今まで葬られていたのを、青山に相談したら大いに賛成したので、文部大臣の一木喜徳郎《いちききとくろう》とも話し合って決めたんだろう」

「学者の気持ちは役人にはわからない」

北里が所長の伝染病研究所を突然、文部省の所管にするという話に疑問をもった大日本私立衛生会の理事長、金杉《かなすぎ》英五郎が首相兼内相の大隈重信にその理由を尋ねると、大隈は、

「実は早く北里を捕縛してしまえと一木（喜徳郎文相）に命じたの

だが、まだ決行できないでいる」

と乱暴なことを言ったという。

福沢の警戒した政府の強権性、恣意性が露骨に出ている話だろう（砂川幸雄『北里柴三郎の生涯』）。

その大隈に北里は、

「文部省の研究所ではとても務まりませんので、伝染病研究所の所長は辞めさせていただきます」

と伝えに行く。

すると政府は北里の腹心ともいうべき北島多一に、後任の所長になれ、と交渉する。

「とんでもない」と断られ、次に志賀潔に同じような交渉をしている。もちろん拒絶されたが、当時の東京帝国大学総長、浜尾新はそれでもあきらめずに北島を説得した。その執拗さを北島がこう語っている。

「浜尾さんに僕は何回も呼ばれた。電話が来ると、たいてい一時間ぐらいは電話口に立った。それから浜尾さんの家に二晩泊められてしまった。となりの部屋にフトンも敷いてあったし、君は疲れたらそこで休んでまたお目にかかりましょうと言って、なんと言ってもなかなか帰さない。……君が北里さんに代わって所長になってくれないかと頻りに頼まれた。君ならば誰よりも力があるし反対する人も少ない。北里も自分の弟子がなるのだからそう腹も立つまい。だから君がなってくれと頻りに勧めた」

しかし、北島は固辞し通す。北里に殉ずる覚悟だったからである。北里だけでなく、所員一同も新研究所に移ることを希望した。国家公務員を辞めて民間の研究所に移籍したことになる。北里は残るように勧めたが、誰ひとり、それに応じようとはしなかった。

大正三（一九一四）年十月二十日の『中外商業新報』が次のように報じている。

「博士（北里）が青山（胤通）博士一派いわゆる（東京帝国）大学派の圧迫を無念に思い、所員たる他の数博士とともに辞表を提出せんとするは、表情むしろ憐れむべく、今後文部省所管として大学教授の副業的所長に止めしめんか。その功績のほど察するに難からずして、僅少なる経費節減は、やがて国家の一大損失たらずんば幸いなりと、某消息通は語れり」

北里は一木文相に、学者の気持ちはあなた方お役人にはわからない、と言ったといわれるが、多分、福沢と比較してのことだったろう。

〝赤穂城の明け渡し〟の成果

〝赤穂城の明け渡し〟などと報じられた伝染病研究所の移転をこう皮肉った落首がある。

大いなるくま手を借りて無理矢理に
　かきむしりたる眼の上の瘤

「大いなるくま手」が大隈重信を指すことは言うまでもない。

叩きつぶそうと思った北里の伝染病研究所は新しくスタートし、文部省に移管された東京帝国大学付置伝染病研究所と並走することになった。

そんなある日、北里の側近の北島多一は陸軍省医務局長だった森林太郎に呼ばれる。

「どうも君のところが盛んになって行くと政府としてはまことに困る。同じような研究所が二つあるのはまずいから、北里研究所を東大の伝研と一緒にしたいのだが、どうかね。そうすれば、君の要求は何でも聞く。すぐにはできなくてもいずれ所長にもする。大学に入る（教授になる）希望があればそれも叶えてあげられる。青山（胤通）

君も君がそうしてくれるのを強く望んでおるのだ。そうすれば円満に行くし、学問のためにもいい。君はもう北里君のために充分に尽したではないか」

一応、北島は、よく考えてみますと返事して陸軍省から帰り、後で、きっぱりと断った。

それが大正五（一九一六）年のことで、大正七年に「社団法人北里研究所」が発足する。新所長が北里で副所長に北島が就任した。その披露会には首相の原敬《たかし》や元内務相の後藤新平、そして大日本私立衛生会理事長の金杉英五郎などが出席した。前述のように、金杉は大隈に、なぜ文部省に移管するのかと詰め寄った男だが、この席で、次のような興味深い祝辞を述べている。砂川幸雄著『北里柴三郎の生涯』からそれを引こう。

〈伝研移管問題を持ち出して、先刻より皆さんから「学者を侮辱した」とか「迫害を受けて悲惨を極めた」とか、悲憤慷慨の声があがりましたが、拙者はそんなことは考えません。というのは、日本はまだ官尊民卑の悪弊が充満しており、学界においても官と民の差別がひどかったのですが、北里博士が野に下って以来、状況が一変してその障壁がなくなり、研究も自由になったからです。博士の行動は「勇往邁《まい》進《しん》の士はその朝《ちょう》に在《あ》ると野に在るとの別なく、必ず大事を遂行し得るものなりとの好例をわれわれ後輩に示し」「町医者に奮発心を起こさしめたることとまたすこぶる大なる」ものがあり、「吾等の重々感謝する所」であります〉

なるほどという指摘だろう。北里はいわば身をもって、師の福沢の教えを実践したのだった。官の横暴に対する自立がそれである。

福沢への北里の弔辞

明治三十四（一九〇一）年二月三日、福沢諭吉が亡くなるや、北里柴三郎は次のような弔辞を書いた。

「嗚呼《ああ》福沢先生は本月三日をもって易簀《えきさく》（死去）せられたり。……嗚呼悲《かなしい》哉《かな》」

「この偉人を喪いたる上下の悲嘆は、もとより毫楮《ごうちょ》（紙筆）に尽す能わずといえども、余はこの際にのぞみ特に嗚咽歔欷《きょき》（むせび悲しみすすりなくこと）に耐えざるものあり。何ぞや。わが科学の扶植者たる及び余が事業の保護者たる先生に永訣したることとこれなり」

「先生は今やすなわち亡し。余は衷心実に師父を喪いたるの感あり。しかれども、先生の遺業は依然としてわが眼前に存し、先生の遺訓は歴然として余が脳裡にあり。余不敏といえどもまたその遺業を守り、その遺訓を躰《たい》し、切磋研鑽をもって万一の報恩を期せんとす。嗚呼悲哉」

砂川幸雄が『北里柴三郎の生涯』に記す如く、恩に報いる機会はすぐにやってきた。福沢の死から十数年後に、慶応義塾の大学部に医学科を設けたいので協力してほしい、という依頼があったからである。

そして大正六（一九一七）年から予科一年生の募集が行われた。初代医学部長となった北里は「福沢先生誕生記念会」の開かれた同年一月十日に次のような挨拶をしている。

「我慶應義塾には曾て医科の設置ありしも中途之を廃せられ、今回再び医科大学の創立を見るに至れり。予《かね》て故先生の厚き知遇を得たる予が同大学を担任するは大に光栄とする所にして、飽迄も微力を尽くす覚悟なり。殊に現下医育の弊風（ドイツ流医学）を刷新して統一ある医科大学を設け、共同研究を十分ならしめ一方門戸を解放し、且つ予科二ヶ年を以て英独の外国語を専修せしめ、一切の教授法も旧来の面目を一新せしむべく工夫を凝らし、化学科は将来純然たる化学研究所の基礎として独立の経済を営む財源たるよう計画を樹てたり」

師にして恩人の福沢の念願を達成しようと意気込む北里の熱気が伝わってくるような挨拶である。それから昭和三年春に辞任するまで北里は慶大医学部長と病院長を務め、その後も顧問として協力を惜しまなかったが、一切報酬を受けなかった。ただただ福沢の恩の深さを思っていたからであり、それに応えたいという気持ちが大きかったからだった。

北里は常々こう言っていたという。

「患者に引きずられるような、あるいはまわりの者から引きずられるような意気地のない医者をつくっちゃいけないぞ。医者は医学的に患者を引きずる者だ。周囲のものを引きずって行くものだ。医者というものは、全面的に患者と取り組んで万事を患者のためにやるべきものだから、はたから雑音が入ってそれに引きずられる幇間《ほうかん》医者になるような、そんな卒業生をつくっちゃならんぞ」

長与又郎の依頼に応える

大正八（一九一九）年初夏のある早朝、北里柴三郎を訪ねてきた人がいる。長与又郎である。福沢と緒方洪庵の「適塾」で共に学んだ長与専斎の息子であり、北里がその結婚の仲人をしている。そもそも、北里を福沢に紹介したのが長与専斎だった。

大恩人の息子の来訪に北里は、

「どぎゃんした、いきなり」

と熊本弁丸出しで迎える。

又郎は親しき仲にも礼儀ありといった感じで、

「すでに新聞でご覧になったかと思いますが、このたび伝研の所長に就任する運びになりました」

と丁寧に挨拶した。

北里を追い出した伝研の四代目の所長に長与又郎が就任したわけである。

「わざわざ、挨拶などいいのに」

と言う北里に、又郎は踏み込んだ。

「つきましては、先生にお願いがあります」

「ほう、なんだね」

と促す北里に又郎は、所長就任の招待会に是非参加して下さい、と頼んだ。

無益な争いをいつまでも続けていてはいけないと北里も考えていた。

それで、

「ああ、いいとも。喜んで行かせてもらう」

と応じた。

そして、六月二十六日、伝研移管事件以来初めて、文部省、内務省、東京帝大、北里研究所の関係者が同席して招待会が開かれた。

『北里柴三郎』によれば、そこで北里はこう語った。

「伝染病研究所の発達は、創立者たる私の衷心より喜悦に堪えぬ次第である。今回ここに敬愛せる長与博士が新に所長の印綬を受けられたるは、衷心より甚大なる歓喜をもってこれを迎えるものなり。同所創設者たる私の辞去以来、歴代の所長其人を得たることは勿論なり。されども長与君は殊に其の適任者たるを信ず。冀《こいねがわ》くば、自愛をもって責務の大なるに盡《つく》されんことを」

移管事件には一言も触れない。長与専斎への恩を語り、その息子の所長就任を「衷心より」喜ぶという祝辞に終始したのだった。

翌日の新聞は、

「長与はオツなことをやる。北里も大きい」

と好意的に報じた。

もちろん、長与又郎だから北里の胸に飛び込めたのだが、積年の怨みを超えて、それを受けとめ、招待会に出席して、万歳三唱までした北里の株も一気に上がった。

あるいは最も喜んだのは長与専斎だったかもしれない。しかし、泉下の福沢もそれを評価したに違いないのである。

福沢の漢詩「贈医《いにおくる》」

　大正九（一九二〇）年の大学令によって、慶大医学部となると同時に、校舎は付属病院と併せて現在の信濃町に新築された。その開校開院式で、医学部長であり病院長の北里柴三郎は次のように挨拶した。

「予は福澤先生の門下では無いが、先生の恩顧を蒙つたことは門下生以上である。故に不肖報恩の一端にもならんかと、進んで此の大任を引受けたのである。我等の新しき医科大学は、多年医界の病弊たる各科の分立を防ぎ、基礎医学と臨床医学の聯繫《れんけい》を緊密にし、学内は融合して一家族の如く、全員挙《こぞ》って斯学の研鑽に努力するを以て特色としたい」

『医者のみた福澤諭吉』によれば、「門下生ではないが、門下生以上のもの」である北里の尽力を記念して名づけられた慶大医学部北里講堂の二階の会議室に「贈医《いにおくる》」という七言絶句の漢詩が掲げられている。福沢のつくったものである。読み下し文に直せば――

無限の輸贏《しゅえい》　天また人
医師　道《い》うを休《や》めよ自然の臣なりと
離婁《りろう》の明視と麻姑《まこ》の手と
手段の達するの辺　唯だ是れ真なり

富田正文はこれをこう解説している。

「医学というものは自然と人間（天また人）との限りない知恵くらべ（輸贏＝まけかち）の記録のようなものである。医師よ、自分たちは自然の家来に過ぎないなどと言うてくれるな。離妻（『蒙求』にある古代中国にいたと伝えられている視力の確かな人物のこと）のようなすばらしい眼力と、麻姑（古代中国の爪が鳥のように長い仙女のこと）のような行きとどいた手をもって、あらゆる手段を尽してこそ初めてそこに医業の真諦が生まれるのである」

『医者のみた福澤諭吉』の著者の土屋は、福沢の胸中を「病気を治すのは自然（神）であるなんて思ってくれるな。毎日勉強している医師の自分が治してやると思いなさい。自然が治すんだから、ただ見ていればいいということではない。患者を見たら千里の先まで、手の裏まで見通し、孫の手のように、患者の痒いところの隅々まで手の届くような、そういう医者になりなさい」と説いているのだと忖度《そんたく》し、そして、こう結んでいる。

「著者はこの掛軸を見るたびに、医師として身が引き締まる思いがする。そして同時に、このような医師の姿勢に対して期待の念を込めた漢詩を記した諭吉自筆の掛軸が、医学部の会議室に無造作に掛かっているということは、慶応義塾の医学部に関係する者の一人として大変誇らしいことであると思い、偉大なる教育者福沢諭吉の精神をこれからの時代も変わらずに受け継いでいかなくてはいけないと考えている」

不潔なミルクビン事件

　ここに明治二十九（一八九六）年十月十五日付で福沢が田端重晟に出した手紙がある。田端は計数に明るい人として福沢が北里の下へ送った人である。

「秋涼人に可なり、益御清安奉拝賀。陳ば兼て御手数を煩はし候ミルク、今朝到来の中一ビン、人を以て返却致候間御一覧可被下候。其不潔なること何とも名状すべからず。斯る悪品の拙宅に来りしこそ幸なれ。若しも是れが喧しき患者の許に達したらば如何ん。何と攻撃せられても一言の弁解は出来申間敷、細菌学の叢淵《そうえん》、消毒云々とて、其注意の周密なるは、自家も信じ、又世間をも信ぜしめたる養生園のミルクにして、斯の如しとは何等の怪事ぞや」

表書きは「養生園　田端様　福沢　ミルクビン添」。つまり、サナトリウムの養生園の事務長をしている田端へ、「不潔なること何とも名状すべから」ざるミルクが届いたことに厳重注意を促して福沢が書いたものである。「喧しき患者の許」へではなく、自分のところへ「悪品」が届いたのは幸いだった、言ってみれば不幸中の幸いだったとして、福沢の手紙は続く。

「畢竟《ひっきょう》、病院事業の盛《さかん》なるに慣れて、百事を等閑に附し去る其結果の偶然に現はれたるものと云ふの外なし。或は是れは、小使い共の不注意なりなど云はんか、決して恕《じょ》すべからず。たゞの宿屋か何かにて、客に呈する食物に云々とあれば、一寸詫を云ふて済むべきなれども、苟《いやしく》も学医の病院に於て、衆患者が生命を托する病院に於て、薬品同様のミルクが此《この》ざまにては、仮令《たとえ》ひ実際に無害にても、人のフィーリングを如何せん。事小なるに似て決して小ならず。一ビンのミルクは以て病院中の百般を卜《ぼく》すべし。薬局の怠慢、料理場の等閑、医師診療の不親切等、実に恐るべき事に存候」

いわば弟子の田端に対して、福沢は「事小なるに似て決して小ならず」と諄々と説いていく。愛着があるからこそ、具体的に指摘するのである。

「左れば、此罪はミルク消毒場に於ける下人のみに帰すべからず、第一に院長、医長、会計局員を始めとして、其責に任ぜざるを得ず。

喉元通れば熱さを忘るゝの諺に洩れず、今日僅《わずか》に養生園の盛なるを見て、皆々安心得意の情を催し、浮世の流風に俗して本来の本務大目的を忘れたるか、左りとは頼《たのみ》甲斐なき次第ならずや」

かなり厳しい批判である。しかし、これを田端はもちろん、北里も受け容れたのだった。

「浮世の流風に俗して本来の本務大目的を忘れたるか」と北里を詰問できたのは、おそらく福沢だけだったであろう。

養生園の事業腐敗の記念として

北里柴三郎の経営する結核病院の養生園から不潔なミルクビンが届き、それをたしなめて福沢が事務長の田端重晟に出した手紙はなお続く。

「例へばミルクの事にしても、ミルクは何処の牛屋より入るゝか、其牛屋は、色々に諸方を吟味して、果して信ずべき者なるや否や。牛屋信ずべしと仮定しても油断はならず、時々医師を派出して乳牛の性質を糺《ただ》し、又、其しぼりとりの方法、持込の途中をも窃に視察を要することなり。従前其辺の注意行届き居るや否や。

消毒場に到来の上、園員中何人の監督する所なるや。因襲の久しき、単に下人共に打任せ置くが如き怠慢なきや否や。

右の事情篤《とく》と承知致し度、凡そ大業に志す者は畢生の千辛万苦に成るものなり。細々百事に注意して、辛《かろう》じて目的の半に達するの常なり。此一般に至りては、長与氏も北里氏も、共に責を免れるべからず、何卒御遠慮なく御話被下度、或は此手紙を御示し被下候ても不苦《くるしからず》、老生は明々白々に心事を申述候義に御座候。何《いず》れ其中罷出《まかりいで》苦情を語るべく存候。匆々《そうそう》頓首
二十九年十月十五日朝
諭吉
田端賢契　梧下」
長与氏とは長与専斎のことで、当時、養生園の設立代表者となっていた。
ミルクはどこから入ったか、しぼりとりの方法などにまで視察の目は届いているかと、福沢の指摘は観念的ではなく具体的である。消毒場に到着してからはどうかと、あくまでも細部にこだわって、福沢の

苦言は続く。

追伸的に書かれた次の一文も、辛さは相当なものである。

「追て此ビンは養生園の事業腐敗の記念として、口の処に何か毛の如き汚物ある其まゝ、ミルクのあるまゝ保存致し度、後日に至るまでも好き小言の種と存候」

この青春時には、福沢も不潔の巣窟のような緒方洪庵の適塾にいた。しかし、適塾ならいざ知らず、養生園にあっては不潔は許されないということだろう。

試みに、『福翁自伝』から、不潔に頓着しなかった適塾時代の部分を引いてみる。

「塾風は不規則と云はんか不整頓と云はんか乱暴狼藉、丸で物事に無頓着。その無頓着の極は世間で云ふやうに潔不潔、汚ないと云ふことを気に止めない。例へば、塾の事であるから勿論桶だの丼だの皿などのあらう筈はないけれども」

以下略とするが、要するに「洗手盥《てうずだらひ》も金盥も一切食物調理の道具になって」いたのである。不潔この上なかった。

本書は、株式会社KADOKAWAのご厚意により、角川文庫『福沢諭吉と日本人』を底本としました。但し、頁数の都合により、上巻・下巻の二分冊といたしました。

福沢諭吉と日本人　上
（大活字本シリーズ）

2021年11月20日発行（限定部数700部）
底　本　角川文庫『福沢諭吉と日本人』
定　価　（本体3,000円＋税）
著　者　佐高　信
発行者　並木　則康
発行所　社会福祉法人 埼玉福祉会
埼玉県新座市堀ノ内3—7—31　〒352—0023
電話　048—481—2181
振替　00160—3—24404
印刷製本所　社会福祉法人　埼玉福祉会 印刷事業部

ISBN 978-4-86596-481-3

大活字本シリーズ発刊の趣意

現在，全国で65才以上の高齢者は1,240万人にも及び，我が国も先進諸国なみに高齢化社会になってまいりました。これらの人々は，多かれ少なかれ視力が衰えてきております。また一方，視力障害者のうちの約半数は弱視障害者で，18万人を数えますが，全盲と弱視の割合は，医学の進歩によって弱視者が増える傾向にあると言われております。

私どもの社会生活は，職業上も，文化生活上も，活字を除外しては考えられません。拡大鏡や拡大テレビなどを使用しても，眼の疲労は早く，活字が大きいことが一番望まれています。しかしながら，大きな活字で組みますと，ページ数が増大し，かつ販売部数がそれほどまとまらないので，いきおいコスト高となってしまうために，どこの出版社でも発行に踏み切れないのが実態であります。

埼玉福祉会は，老人や弱視者に少しでも読み易い大活字本を提供することを念願とし，身体障害者の働く工場を母胎として，製作し発行することに踏み切りました。

何卒，強力なご支援をいただき，図書館・盲学校・弱視学級のある学校・福祉センター・老人ホーム・病院等々に広く普及し，多くの人人に利用されることを切望してやみません。